投資は「きれいごと」で成功する

「あたたかい金融」で日本一をとった
鎌倉投信の非常識な投資のルール

新井和宏

ダイヤモンド社

はじめに

「おまえら、人の金で社会実験するつもりか」

２０１０年はじめ、私は怒号の矢面に立っていました。

鎌倉投信を創業して1年以上が過ぎ、ようやく世の中に送り出せる大切な商品、投資信託の運用開始が目前に迫っている——。そんな頃に行った投資家向けの説明会で、私たちは毎度、厳しい声を頂戴しました。

それほどまでに、この「結い２１０１《にいちぜろいち》」と名付けた金融商品は「非常識」で、投資のプロにとっては理解することすら拒絶したくなるようなものだったのでしょう。

しかし当の私はといえば、こうした拒絶に対して、まったく気にしていませんでした。むしろ、やっと始められるんだ、というワクワクが勝っていたくらいです。

これは何も、私が楽観主義者であるとか、否定されればされるほど燃えるとか、そういう理由ではありません。私だって否定されれば落ち込むし、罵られれば泣きたくなることもあります。

では、いったいなぜなのか。

それは、そのときの私はすでに、長く、本当に長く苦しめられた「不信」のトンネルを抜け、やっと「信じられるもの」を見つけていたから。あの頃の私は（もちろんいまの私も）、土砂降りの怒号なんかでは折れないくらい、「結い２１０１」という商品に、そして鎌倉投信が掲げた投資哲学に確信を持つことができたのです。

私たちは、この先いったい何を信じていけばいいのでしょう。

社会を見渡しても、企業は消費者を欺き、金融は度々崩壊し、この世に信じられるものなどもうないのでは、とすら思わされます。特に２００８年のリーマン・ショックの直後は、企業や金融への不信感が強く蔓延《まんえん》していました。社会に、そして私たちの暮らしや心に残された傷あとは、深く、生々しいものでした。

私自身、当時は心が擦りきれていました。外資系金融機関で何兆円という膨大なお金を動かしながらも、まず体が悲鳴を上げ、そしてそれをきっかけに10年近く疑わずに信奉していた「投資は科学」という投資哲学に、疑問を持ちはじめたのです。

極めつけは、自分たちの投資理論の社会的意義を必死になって説明しているとき、ある女性社員から言われたこの言葉でした。

「どうして毎日売ったり買ったりするんですか？　長期的に投資すれば利益が出ると言っているのに」

私は、投資や金融が本来持っている力を、果たして正しく使えているのだろうか――社会への不信、そして自分への不信が私を蝕《むしば》んでいました。

転機となったのは、1冊の本との出会いでした。

坂本光司先生の『日本でいちばん大切にしたい会社』（あさ出版）。

何気なく手に取ったその本に書かれていたのは、社員の7割が障碍《しょうがい》者という日本理化学工業や、社員を大切にする経営で48年間増収増益を続けた伊那食品工業といった「いい会社」の数々でした。それまでに抱いていた、経営とは利益を追い求めること、といった常識が次々と崩れ、とにかく驚きの連続だったのをいまもありありと覚えています。

最初、私は純粋に感動していました。こんな時代に、そしてこの日本という国に、信じられる会社があってよかった。ただただ、そう感じていました。

しかし、その次によぎったのは、それまでの悩みをすべてひっくり返すかのような直感でした。

「投資には、彼らのような会社を支える力がある」

「金融は、お金を通して彼らをつなぐ役割を果たすことができるはずだ」

社会的意義を果たしつつ、利益もあげる「いい会社」がいい会社たる理由や経営哲学は、通常金融機関やコンサルタントが使う数字、たとえば財務諸表には決して表れてきません。

裏を返せば、そのような会社は、金融機関や投資家からは評価されにくい、ということでもあります。もし彼らの経営が傾いてきたとき、経営哲学や社長・社員の想いとは関係なく、融資関係は打ちきられるでしょう。

しかし、それでいいのか。築きあげた哲学こそが成長の源泉であるなら、数字だけで判断する投資は、果たして正しいことなのか。

この想いを突きつめた結果、**「投資はまごころ」**という理念に辿りつき、そして鎌倉投信という会社は生まれました。

不信のトンネルを抜け、企業を、そして投資という自分の仕事を、もう一度信じることができたのでした。

そして5年。いま、私の手元には2種類の嬉しいニュースがあります。

1つは、「数字」です。

不思議に思われるかもしれませんが、最終的には数字で見ても、**「いい会社」に投資するという考えのほうが、金銭的な「投資の果実」も大きくなるのです。**

これはプロの運用者としての自分にとっても申し分のない話で、だから2014年5月、数百ある国内の投資信託のなかで1位を獲得することもできたのだと思っています（「R&Iファンド大賞2013」投資信託・国内株式部門にて最優秀ファンド賞を受賞）。

あのとき言われた、「どうして毎日売ったり買ったりするんですか？　長期的に投資すれば利益が出ると言っているのに」という疑問にも、ようやく胸を張って答えられるようになりました。

もう1つは、「声」です。投資家の方々、そして投資先企業の方々の双方から、感謝の声をいただくことが——時には、賞状までいただくことも——増えてきたのです。

「新井が言うから、企業も信頼できるし、お金も安心して預けられる」

「鎌倉投信が数字以外のところまで丁寧に見てくれたから、うちの会社はさらに成長できた」

さらに、嬉しい「声」もいただきました。

「鎌倉投信から見て、うちはまだ社会性が足りないでしょうか？」

カゴメのＩＲ担当の方から、直接お問い合わせをいただいたのです。株主を「ファン株主」と呼び、個人投資家を大事にしていることで知られるカゴメ。そのカゴメからの直々のお電話に、「うちみたいなベンチャーの運用会社を見てくれているのか」と目頭が熱くなるのをこらえきれませんでした。その後、カゴメの顧問を務めておられる長井進さんとお会いして想いを共有し、しかるべき手順を経た結果、現在カゴメは「結い２１０１」のポートフォリオに入っています。

なぜ、創業から約7年、運用開始後わずか5年の金融ベンチャーに、こんなことが

できたのでしょうか。それは、社会を、企業を、そしてお金を、もう一度信じたい
――そんな人たちの心を動かすことができたからだ。私はそう思っています。

本書ではこれから、

「本当にきれいごとで投資がうまくいくのか」
「そうした投資のほうがいい理由は何なのか」

を解き明かしてみたいと思っています。ご紹介する投資についての新しい考え方を通して、この社会に信じられるものを見つけていただければ、これ以上の幸せはありません。

投資は「きれいごと」で成功する

目次

第1章 「きれいごと」で成功した非常識すぎる「8つの投資法則」

第2章 「投資は科学」から「投資はまごころ」へ
――「リターン」を再定義する

第3章 「経営効率の悪い小型株」で、「リスク」はチャンスに変わる
——「リスク」を再定義する

第4章
「安く買って高く売る」に必要なのは金融工学ではなく「信頼」
――「投資」を再定義する

第5章 「格付け」よりも大切な「8つの会社の見方」

──「経済指標」を再定義する

第6章 企業価値は、過去の成功ではなく「ずるい仕組み」を持っているかどうかで判断する
――「ビジネス」を再定義する

第7章 金融機関の役割は、お金に眠る「つなぐ力」で社会を動かすこと
――「金融」を再定義する

第1章

「きれいごと」で成功した非常識すぎる「8つの投資法則」

「いい会社」に投資するファンドが1位をとるということ

鎌倉投信は2008年11月、リーマン・ショックの真っただ中に生まれたベンチャーの運用会社です。

変わりゆく日本を、なんとかしたい。その想いから、鎌倉にある築85年の古民家を本社にしました。創業して最初の6か月は、この古民家再生に費やしました。裏には畑や竹林があり、たけのこ掘りもできる。そんな環境で仕事をしています。

鎌倉投信の志は3つの「わ」です。

日本の心を伝える「和」、心温まる言葉を大切にする「話」、社会や人とのつながりを表す「輪」。これらの「わ」を奏でるため、私たちは「場」に徹します。**「場づくり」が運用会社の仕事だと思っているからです。**

たとえば、鎌倉投信では、受益者と投資先が出会う「場」をつくっています。受益

鎌倉投信のオフィス。自分たちの手で再生したこの古民家は、オフィスという役割を超えて、数多くの出会いの「場」ともなっています

者とは、「結い2101」という投資信託に投資している方々のことです。投資信託の世界では、投資家のことを「受益者」と呼びますので、この本では「受益者」と呼ばせていただきます。

運用会社は、投資家からお預かりしたお金を、選んだ企業などに投資しますが、どの企業に投資したかをすべて明らかにすることはありません。ましてや、投資する人とされる人が会うことなど、ありえません。

でも鎌倉投信が運用している「結い2101」は、投資先すべてを公開しています。さらに年に1回、受益者への運用報告会となる「受益者総会」も行っており、ここでは投資先の企業と直接交流できる「場」を用意しています。

京都で行われた2013年の総会には、当時の受益者の1割にあたるおよそ600名が集まりました。うち約200名は東京の方で、自腹で新幹線代を払ってやってこられた方々です。

翌2014年の横浜で行われた総会には、およそ800名の方がお越しくださいました。当時の受益者は8000人強ですから、やはり1割の方にお越しいただいたことになります。普通、株主総会の出席率は1%程度と言われていますから、驚異の出席率です。

受付など、総会運営に必要な業務は、受益者の方々がボランティアで行ってくださいます。お金も出して、総会にも足を運び、さらに運営のお手伝いもする。なんだか不思議な構図ですよね。

飲食店や宿泊施設では、「お金を出した」というだけでふんぞり返る人もいる。でも「結い2101」の投資家は、違うのです。私は受益者の皆さんを「愛すべきヘンタイ」と呼んでいます（笑）。

おかげさまで、受益者の皆さんからお預かりしている純資産は、約130億円になりました（2015年2月現在）。さらに2014年には、「R&Iファンド大賞2013」で鎌倉投信が運用する「結い2101」が、運用実績で投資信託・国内株式部門1位となりました。

私はこの結果が、いまの社会を表していると思います。

たとえば私たち鎌倉投信が運用する「結い2101」のお金は、「いい会社」に投資されています。でもこれまで会社が「いいこと」をしようとすると、そのぶん儲けが減りました。

会社は社会的な生きものにもかかわらず、社会に尽くすと逆の現象が生まれる。少し難しく言うと、社会性と経済性には逆（負）の相関関係がありました。

でも、時代は変わりました。

社会性を追求すると、お客さまからの信頼が生まれ、結果として儲かる時代になったのです。会社が提供する商品やサービスだけではなく、その姿勢や思想まで知りたいと思うお客さまが増えているともいえます。

だから**社会性と経済性はいま、徐々に両立しはじめています。**その証拠の1つが、

「R&Iファンド大賞2013」の1位という結果だと思います。

この賞には「国内SRI・環境関連部門」といって、企業の社会的責任を評価する投資信託を対象にした部門もあります。でも「結い2101」は、すべての投資信託を対象にする部門で1位になりました。この報《しら》せをいただいたとき、私は「時代は変わったのだ」と思いました。

プロの運用者は、常に勝ち負けを意識しています。かつての私も、そうでした。その私から言わせたら、1位という結果は偶然とれるものではありません。かといって、狙ってとれるものでもない。鎌倉投信という変わった運用会社が運用する商品が1位をとれたことは、社会が必要としてくれたからにほかならない、私はそう思っています。

この世界には、社会を想い、まっとうなことを、まっとうに行っている方がいます。かつて「まっとう」を優先するには、多くの犠牲を払わねばなりませんでした。自分の給料しかり、社会からの評価しかり。でももう、犠牲を強《し》いる必要はないのです。「結い2101」も、以前は「『きれいごと』で金融商品が成立するのか」と言われました。しかし社会性と経済性を両立できたいま、私は「成立する」ことを証明できたと思っています。

第2章以降、私の投資についての考え方を、いくつかのテーマに沿ってまとめていきます。

でもその前に、鎌倉投信が運用する投資信託「結い2101」について、簡単にご紹介します。

なぜならこの商品は、いまの金融業界の「常識」とはかけ離れた商品、つまり「非常識な商品」だからです。

元来の投資信託や金融商品をご存じの方には、にわかに信じ難い点もあるでしょう。また投資経験のない方には、「リスク」や「リターン」など普段使わない言葉も出てくるので、少し難しいと思われるかもしれません。

完全に理解していただく必要はありません。読むなかで、私たちの思想をなんとなく理解していただけたら幸いです。

非常識① 目標は「勝つ」ことではなく「応援」すること

6年ほど前、「トビムシ」という会社を経営されている、竹本吉輝《よしてる》さんが鎌倉投信にいらっしゃいました。トビムシは林業再生を目指していて、傘下に特定の地域で林業を担う会社や割り箸の流通網を再構築しようとする会社を抱えています。

その日は、お茶1杯で5時間、お話をさせていただきました。林業の構造、いまの林業は何が課題なのか、どうすればビジネス化できるのか……。そのなかで私は、林業の再生はトビムシにかかっていると信じることができました(私が会社のどこを見て、信頼できると判断しているかについては、第5章で述べます)。

当時、トビムシの財政状況はあまりよくありませんでした。

竹本さんは鎌倉投信からの資金調達を考えていたようで、事業計画書をお持ちになっていました。でも私が林業のことばかり聞くので不思議に思ったそうです。ご自分から「すみません、数字の話もさせていただいていいですか?」と切り出したほどです。

私は投資先となる経営者にお会いするとき、あまり数字の話をしません。売上がいくらあるのか、とか、利益率は何％なのか、とか。一般の金融機関は、最初に「創業して何年ですか？」と聞きます。当時、トビムシは創業して間もなかったため、何度も門前払いを食らったことでしょう。世の金融機関にとって、ビジネスの社会的意義は二の次なのです。

でも私は、経営者に資質があれば、数字はついてくると考えています。もちろんボランティアでは続きませんので、長期的には売上も利益も大切です。でも短期的には、数字に一喜一憂するべきではないと考えています。

結果、赤字のトビムシに累計で1億2000万円を投資させていただきました。後日、竹本さんは、こうおっしゃってくれました。

「多くの金融機関は、危機を乗り越えたあとにお金を入れる。でも鎌倉投信さん（の「結い2101」）は、危機を乗り越えるためのお金を入れてくれた」

鎌倉投信が運用する「結い２１０１」のお金は、多くの「いい会社」に投資されています。その多くが、規模の小さい会社やベンチャー企業です。

通常、彼らは資金調達にとても苦労します。一般の金融機関は、企業規模や売上高、どれだけ長く続いているか、などに注目します。長く続く中小企業は多いですが、大手に比べると売上高も利益も小さく、信用があまりありません。

一般の金融機関は、俗にこう言われています。

「晴れているときに傘を貸し、雨が降りはじめたら傘を回収する」

つまり会社が元気なときは、「売上」や「利益」が大きくなるので、お金を貸してくれる。でも雲行きが怪しくなると、貸し剥《は》がしを始める。だから本当に苦しいとき、雨がざあざあと降っているときに、傘はないのです。

でも「結い２１０１」は、創業わずか数年のベンチャー企業であっても投資します。

それは**鎌倉投信が、他のファンドに勝つことではなく、「いい会社」を応援することを目的にしているから**です。

世界には多くのファンドがあり、その運用は「ファンドマネージャー」と呼ばれる

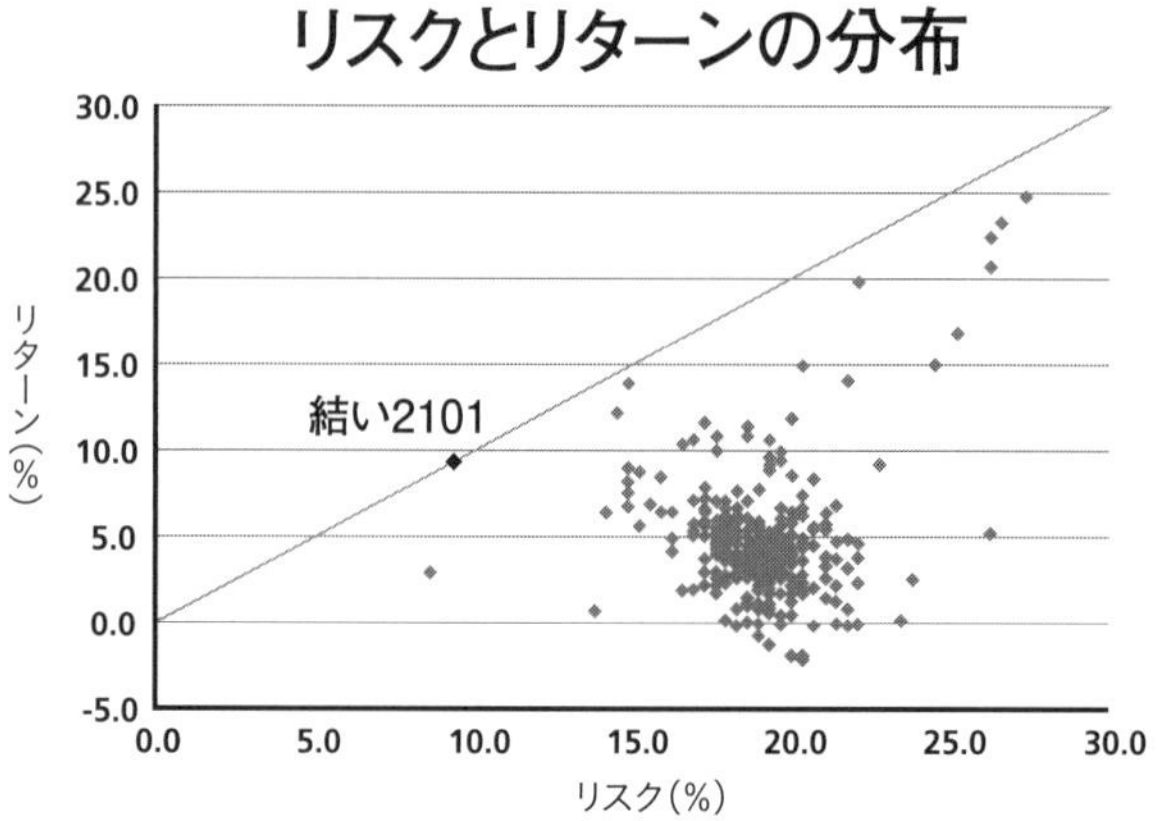

「結い2101」の特徴は、リスクもリターンも低いのに、投資効率が高いこと(母集団は「R&I 日本株式アクティブ型」357ファンド、2010年4月〜2013年3月の年率換算値で算出。作成:鎌倉投信)

方々に託されています。私は「結い2101」のファンドマネージャーです。

世のファンドマネージャーは、運用成績をよくするため、言い換えると「運用成績面で、他のファンドに勝つため」に知恵を絞ります。そのとき、指標になるのが日本株でいえば「TOPIX」です。

聞いたことのある方も多いでしょう。東京証券取引所一部上場の全銘柄の時価総額の動きを指標化したものです。多くのファンドマネージャーの目標は、この動きよりもよい成績を収めることにあります。

でも私たちの目標は、いい会社を応援することにあります。だから「結い2101」は、実はローリターンなのです。

ハイリターンのファンドに比べると損な気がするかもしれません。でも実はあるロジックで投資効率が高いのです。「R&Iファンド大賞2013」をいただけたのは、そのおかげです。詳細は、後ほど述べます。

いずれにしても、私たち鎌倉投信は勝ち負けにこだわっていません。有利・不利という概念もありません。いい会社を見つけ、「結い2101」を通じて応援することで、いい日本をつくる。それが目的です。

非常識② 投資家と投資先企業が〝つながる〟場がある

鎌倉投信は年に1回、「結い2101」の「受益者総会」を行っています。受益者総会とは、企業でいう「株主総会」のようなものです。でも、その雰囲気は一風変わっています。

まず、出席率が極めて高いことが挙げられます。通常、株主総会の出席率は1%と言われています。

しかし「結い２１０１」の受益者総会は、前出の通り、受益者の約10％の方が出席します。京都で行われた２０１３年の総会には約６００名が、２０１４年の横浜での総会には約８００名がお越しくださいました。驚異の出席率です。

主に、投資先企業の講演などが行われます。直接質問もできるため、事業の状況を確認したり、経営者の人柄に触れたりすることもできます。

先にご紹介したトビムシの竹本社長には、「結い２１０１」が直接投資する前から、この受益者総会で登壇してもらっていました。赤字企業に投資して何も文句が出なかったのは、そのせいもあるかもしれません。

そのトビムシの主たる子会社が黒字化したのは２０１３年の7月末のこと。私たちにご報告くださったのが8月12日だったので、8月31日の受益者総会で報告してほしい、とお願いしました。

「黒字になった」と報告したとき、会場にはたくさんの拍手が起こりました。おかしいですよね。一般に、ファンドの投資先は「黒字が前提」なのに、鎌倉投信の場合は「黒字になった」で拍手が起こるのですから。

意義深い「受益者総会」ですが、実は一般の投資信託では行うことができません。通常、投資信託は銀行や証券会社などの販売会社を介して販売されますので、運用会社は受益者のことを知らないのです。

一方、鎌倉投信では「結い２１０１」を直接販売しています。**直販にこだわっている**、というべきでしょうか。

これまで、「結い２１０１」を販売したいとおっしゃる金融機関もありましたが、直販にこだわってきました。なぜなら、お客さまにちゃんと理解してもらいたかったからです。

通常の投資信託は、高いリターンを謳《うた》うために、投機目的の投資家を必然的に引き寄せてしまいます。

投機的なお客さまは、「儲かりそうにない」と思うと、簡単に解約をします。投資信託は解約請求をされると5営業日以内に返金をしなければなりませんから、頻繁に解約される商品の場合、ファンド内の現金が常に圧迫されてしまいます。場合によっては、これはと思う企業に投資していても、その株式を売って現金をつくらなければならないということも起きかねません。

すると、どんなに志の高い投資信託でも、「いい運用」ができなくなります。

しかし、「顔の見える付き合い」をして、受益者が投資先企業を知り、納得してくださっている「結い2101」では、簡単に解約されません。結果として、「いい運用」ができるのです。

いい運用、とはいろいろな意味があります。でも「結い2101」にとって何よりのメリットは、いいベンチャー企業にも投資をすることができる点です。

社会は、究極のところ、儲かる会社とそうでない会社に分かれます。言い方を変えると、儲かる企業と儲からない企業で成り立っています。

私たち鎌倉投信は、「いい会社」に投資をします。林業の再生、障碍者雇用、ニート・フリーター問題、循環型社会の実現など、社会的課題を解決する企業も多くありますが、彼らはどうしても「儲かりづらい」領域に踏み込まねばなりません。しかし「利益率が低いから」という理由で支援しなければ、社会は崩れてしまいます。

もちろんビジネスを続けていくには、儲かる枠組み、私の言葉で言うと「ずるいビジネスモデル」が必須です。でも利益が出るまでの間は、忍耐強い投資家が支えなければならない。
そのためには、**「なぜこの会社に投資をするのか」をきちんと伝えられる「直販」という仕組み**が必要なのです。

ベンチャーキャピタルなど、ベンチャーを支える資金は他にもあります。でも目的の多くはキャピタルゲイン（株式などの資産価格の上昇により得られる利益）ですから、儲かりそうなベンチャーに投資して、上場したら売ってしまう。

一方、「結い２１０１」なら赤字でも支えることができます。赤字が続いても、「なぜここに投資するのか」を直接受益者に説明できるからです。結果として、いい受益者が集まり、さらにいいお金をいい会社に投資できる。

直販によって、一般の運用会社とは異なる思想を保つことができるのです。

非常識③　手の内を明かす

基本的に、運用会社のファンドマネージャーは手の内を明かしません。ババ抜きのときに「ババを持っている」と言わないように、自分がどんな会社や業界にお金を投じようとしているかを明かすことはありません。

たとえば「新興国ファンド」は、新興国に投資されていることはわかりますが、投資先銘柄がすべて明らかになっているということはありません。他のファンドが真似《まね》をするからです。全員が真似をすると、どのファンドも似たような成績になってしまいます。

手の内を明かすと、嫌がらせを受けることもあります。

Aというファンドには勝ちたい。もしくは、Aというファンドの運用者が嫌い。そんなファンドマネージャーがいたとします。もしその人物がAの投資先を知っていたら、その株を売りまくることができます。すると、株価はどんどん下がるので、Aはとても困ります。

これを業界では「ショートする」と言います。たとえ株を持っていなくても、「空売り」という方法を使えば、株価はどんどん下がります。

根底には「相手に勝ちたい」「相手を出し抜きたい」という競争心があります。だから「あの運用会社、B社に投資しているらしいよ」といった情報戦も繰り広げられます。

また、投資先の株を5％以上保有すると「大量保有報告書」を当局に提出する決まりになっています。この報告書は一般にも公表されますが、そうした情報が流れると、

「なぜ、あのファンドはB社を買い増しているんだ？」

「B社の業績がこれから上がるのでは？」

という憶測も広がります。

金融業界では、このような情報戦のなかで相手を「出し抜く」ことが必要なのです。

私もかつて、そのような世界に身を置いていました。

でも鎌倉投信は、「結い2101」の「手の内」をすべて公表します。

ホームページをご覧いただければ、「結い２１０１」の投資先はすべてわかります。

普通、不利になると言われていることを、あえてやっています。

これは、相手に勝つことではなく、いい会社を応援することが目的だからです。同じ運用会社でも、優先順位が違うのです。

ではなぜ、「結い２１０１」は、他のファンドから攻撃されないのでしょうか。表現が少し難しいですが、事実だけを述べると、他のファンドより「リターン」が低いからです。

一般的に、リターンが高い商品はリスクも高いです。ざっくりとした表現になりますが、たとえば40％のリターンに対して、リスクも40％ある。そんな商品を購入すると、１００万円が１４０万円になることもあれば、60万円になることもあります。

でも鎌倉投信の「結い２１０１」は、一般的な株式投信と比べてリスクもリターンも低い。いわゆる、ローリスク・ローリターンです。

一般にファンドマネージャーは、自分より高いリターンを出している商品をターゲットにします。そして「打ち負かしたい」と思います。

でも「結い２１０１」のように、たとえ投資効率がよく、日本一になった商品であっても、リターンの低い商品は眼中にない。だから、彼らから攻撃されることもないのです。

非常識④ リターンはお金だけではない

リターンが低い割に、不思議な現象もあります。

3年以上も「資金流入」が続いているのです。

資金流出入とは、ファンドに対する入金と出金の差額です。入金のほうが多いと「資金流入」、出金が多いと「資金流出」と言います。どんなにファンの多い投資信託でも、大口のお客さまが解約するだけで、簡単に「資金流出」に転じます。

でも「結い2101」は、2011年4月に「資金流出」して以降、3年以上も「資金流入」を続けています（2015年2月末現在）。しかも流出になったのは、過去にわずか3か月だけ。後の章でも詳しく述べますが、これは相場が下がっても解約が出ないからでもあります。むしろ、下がったときのほうが新規のお客さまが増えるほど。

この本を執筆している2015年2月の段階で、「結い2101」は日本で最も長く資金流入を続けている投資信託になっています。

なぜ、リターンが比較的低い「結い2101」にお金が集まるのか。2つの理由が考えられます。

まず、今の日本人は、欧米人に比べて金融商品に「安定」を求めます。リスクはゼロで、リターンを得られるのが理想。そのよい例が銀行預金です。「リターンが大きい」ことより「リスクが低い」ほうがいいのです。

また、「結い2101」は、投資効率がよいという特徴があります。少し乱暴ですが、**「リスクの割にはリターンが大きい」**のです。

これは、リスク1単位あたりのリターンが相対的に高い、と言い換えられます。30ページのグラフで、原点とファンドを結んだ線の傾きが急であればあるほど、リスク

1単位あたりのリターンが高い。おわかりの通り、「結い2101」と原点を結んだ線の傾きは、他のファンドより急です。

プロの世界で評価されるのは「投資効率」で、「R&Iファンド大賞」もこの観点で選んでいます。リターンは低いものの、ファンドの運用技術は高いと評価されたことになるのです。

さらに「結い2101」の投資家（受益者）は、お金以外にも「リターン」を得ています。

実は鎌倉投信は、運用会社でありながら、リターンはお金だけではない、と考えています。金銭だけをリターンと捉えると、「幸せ」の実感が得られないからです。

後述しますが、外資系金融に勤めている頃は、私も相当な報酬をもらっていました。ところが、お金がいくら増えても、豪華な食事をしても、外車に乗っても、「心の満足」にはほど遠かったのでしょう。ある日突然、病気になりました。原因は仕事のストレスだったので、当時の私は幸せとはいえなかったのかもしれません。

鎌倉投信が考える「投資の果実」

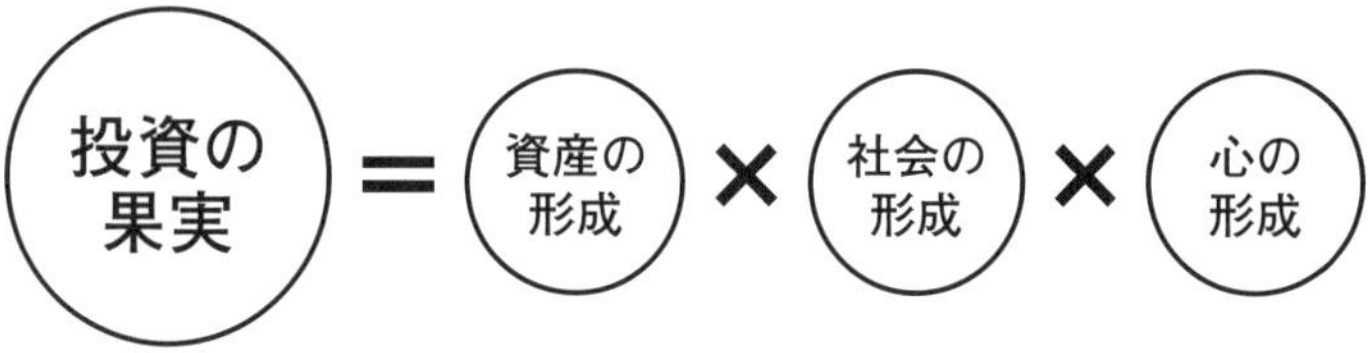

鎌倉投信では、「リターン（投資の果実）」を3つ、定義しました。

まずは**「資産の形成」**。鎌倉投信は、リターンの期待値（報酬控除前）を（短期金利プラス）5％に設定しています。ローリスクとはいえ、お客さまにリスクをとっていただく以上、金銭のリターンを目指すのはプロとしての義務です。

加えて、投資先企業が活躍する**「社会の形成」**、そして受益者の**「心の形成」**も、リターンに加えました。

鎌倉投信が目指すリターンは、このかけ算で生まれます。かけ算なので、どれか1つが欠けても、「結い2101」のリターンは得られないと考えます。

「社会の形成」がリターンである以上、社会課題の解決に貢献するベンチャー企業にも投資します。赤字の会社もありますが、彼らを支援することが、社会の形成につながります。

また社会が豊かになれば、受益者の心も豊かになります。

そんなことがあるのか、と思われるかもしれませんが、前出のようにトビムシが黒字報告をした際、受益者総会では拍手が起こりました。おそらく、トビムシのことを心から応援してくださっていたからだと思います。

非常識⑤ ファンドマネージャーより お客さまのほうが賢い

「結い２１０１」のお金は、ベンチャー企業にも投資されています。社会的課題を解決する企業にはベンチャー企業が多く、いい会社もたくさんあるからです。

少しだけ難しい話になりますが、上場していない企業の場合、その企業の発行する社債に投資します。社債には償還期限があり、1年の場合は1年後にお金が返ってくるのですが、私たちは10年といった長い期間のものに投資します。「ありえない」と思われるかもしれませんが、応援するためにお金を投じているので、私たちにとっては当然のことなのです。

この方法は、他の投資信託でも採用できますが、他の運用会社はやりません。もちろんベンチャー企業への投資を「リスク」と感じる人が多いからなのですが、そうでなかったとしてもできないのです。

10年ものの社債を買うということは、すぐに現金化できないものを抱えるということにほかなりません。しかし、運用会社には解約請求から5営業日以内には現金を払わねばならないというルールがあるので、何かのタイミングで解約が増えた場合、すぐにファンド内に現金を準備せねばなりません。ですので、通常はやりたくてもやれないのです。

私たちがベンチャーに長期投資できるのは、直販だからです。販売会社を介していないから、受益者に「結い２１０１」の意義を説明できる。だから、これまで大きな解約はほぼありません。

ここまで述べてきて、あることに気づいた方もいらっしゃるでしょう。

実は鎌倉投信の「結い２１０１」は、賢いお客さまあっての投資信託なのです。

いいお客さまに恵まれると、さらにいいことが増えます。現在、「結い２１０１」は、お預かりしたお金の３割を現金で持っています。企業に投資しているのは７割だけです。

一方、一般的な株式投信はお預かりしたお金のほぼ１００％を株式に投資しています。ですから相場が下がると、ファンドの成績もどんどん下がっていく。現金を持っていないから、下がったときに買い増しもできず、流れに身を任せるしかないのです。

しかし「結い２１０１」の受益者は、「応援」するために「結い２１０１」を買っているため、多少下がったくらいでは簡単に解約しません。だから３割の現金が、急に減ることはありません。

さらに「結い２１０１」の受益者のなかには、毎月一定額を積み立てる「積立型」を利用している方も多い。相場が下がっても「結い２１０１」に定期的に資金が入ってくるため、割安なときに買い増しができるのです。

それを相場が上がったときに売れば、「結い２１０１」の成績はさらに上がるのです。

この仕組みは、リターンの期待値が低いからこそできるのです。リターンの期待値が高いファンドには、大口客がドカンとお金を入れ、時にドカンと解約します。儲かるファンドほど、投機的な投資家が集まりやすく、結果としてファンドマネージャーの首を絞めるのです。

でも「結い2101」はリターンが低い「どんくさい」投資信託なので、投機的な投資家は集まりにくくなっています。相場の上下にかかわらず、応援の姿勢は変わらない。相場が下がっても、手放すどころか、むしろお金を入れつづけてくれる。だから「結い2101」は、どんどん強くなります。

この世に、上がりつづける相場はありません。上昇基調の相場もいつかは下がります。

でも「結い2101」には、相場が下がっても上がっても、成績を出しやすい仕組みがある。そしてこの仕組みは、ファンドマネージャーの私というより、賢いお客さまが支えているのです。

非常識⑥　予測しない

一般にファンドマネージャーは、予測を立てて運用をします。ファンドマネージャーの能力は、予測能力の高さだと言っても過言ではありません。

ですが私は、予測をしません。予測は当たらない、と思っているからです。

予測は、リターンを高めるために行います。たとえばトヨタが、今期末の利益予想を2兆円と発表している。でも燃料電池自動車「ＭＩＲＡＩ」の販売が計画以上なら2兆円を上回るかも……そんな予測をしながら投資をします。でも、そう簡単に当たらないのです（詳しくは第2章で）。

だから私たちは、予測をやめました。

おそらく、何も予測せずに売買をするファンドマネージャーは、私くらいかもしれません。

でも、リターンを出す方法を2つ、見つけたんです。

1つは、**投資先企業に委ねる**、という方法。

企業は本来、利益を出そうとします。すべての企業がたくさんの利益を出せるわけではないですが、少なくとも「結い2101」の投資先は、利益を出そうとがんばっています。利益が出たら、株価は上がる。だからリターンもあるはず、と考えました。

先ほど、リターンの期待値を5％と書きましたが、これは日本企業の1年間の成長率と同じだけのリターンをお客さまに提供する、という意味です。企業が1年間活動した結果、得られる純利益と配当の両方を合わせた金額が何％で伸びているか、これを計算して得られるのが5％。ここから信託報酬を1％だけいただき、残りの4％を受益者に還元します。

そして、「結い2101」が投資している企業の成長率が、常に5％を超えるほど利益をあげていれば、この目標は達成される、という考え方です。

なんと他人任せなのでしょう。でも、投資先と顔の見えるお付き合いをしているからこそ、の考えです。

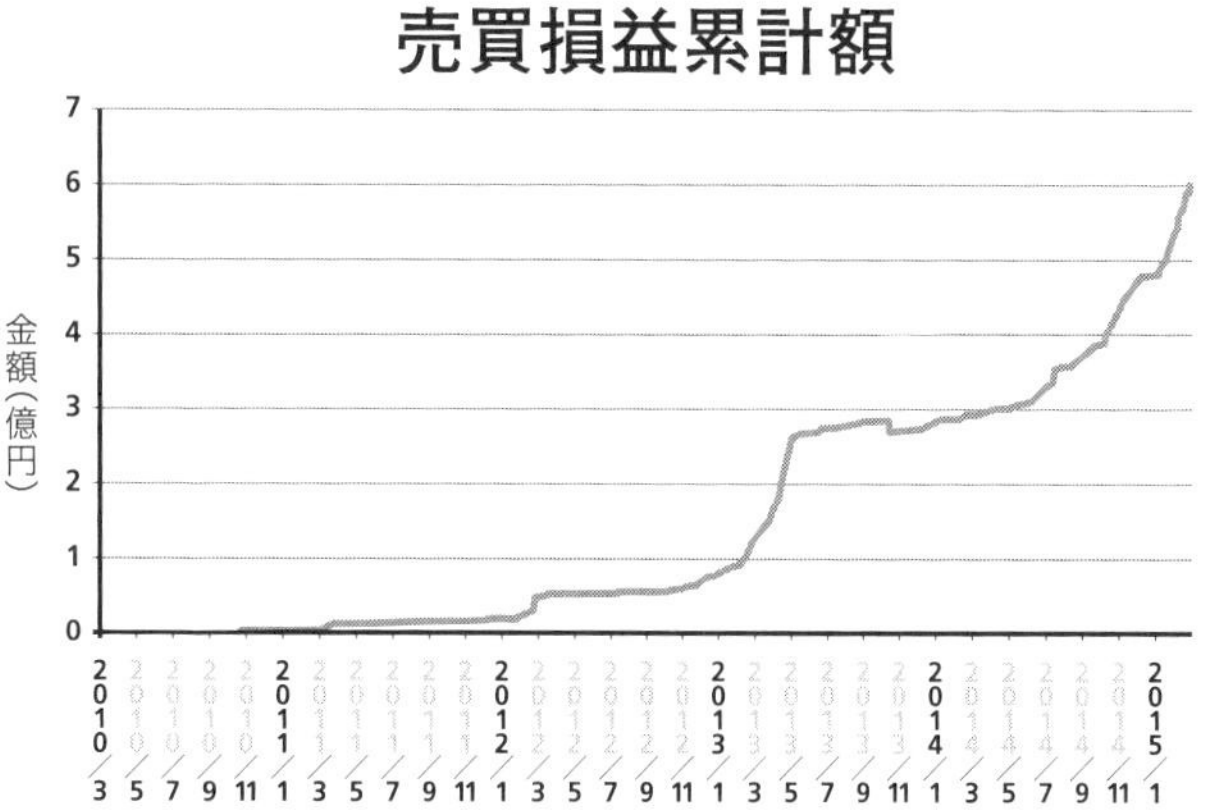

日々繰り返している「安く買って高く売る」地味な運用で得た利益のすべて。予測をやめても、信頼があればリターンを得ることはできます（作成：鎌倉投信）

もう１つは、**相場の上下を利用する方法**です。簡単に言うと、市場が下がったときに買って、上がったときに売る。これを毎日こまめにやれば、少しずつですが利益は出ます。

私は朝、９時から10時までの約１時間、パソコンの前に座ります。そして、「結い２１０１」が保有する会社の株価をチェックする。実際に売買をするのは、相場が安定する９時15分くらいから30分程度です。

１日の利益は、数十万から多くても数百万円です。でも小学生のお小遣いのように、毎日コツコツと積み重ねて、利益を生んでいます。何気に地味な仕事ですが、これも投資先を信頼するからこそ、取れる手法なのです。

一般に株価は、大きく下がると投げ売りされます。買う人も減るため、下がりはじめるとしばらくは止まりません。

でも「結い2101」は、投資先を応援することが目的です。「買ったり、売ったり」のリバランスはしますが、それは利益を出すため。そして投資先のお役に立つためです。

一般的には、投資家は株価が急落しているときには手を出せません。このまま下がりつづけるのでは、と不安になるからです。

でも鎌倉投信は、普通に買います。投資先を信頼しているからです。

たとえば震災のとき、日本株は軒並み値を下げました。安くなっているわけですから、一般的には「買い」です。でも、中途半端に買うと、さらに値を下げて、会社がなくなるかもしれない。**それでも「買おう」と思えるのは、その投資先を信頼しているから。「私たちが支えよう」と思えるかどうかが、カギです。**

一般的に、欲しい商品がバーゲンで半額になると知っていたら、誰しも半額になるまで待つでしょう。でも株価が半減すると、「この会社は怪しいのでは」と思ってしまう。会社も社員も変わっていないのに、株価が半減すると恐ろしくなるのです。個人の心理が、合理性を上回ってしまいます。

信じることを支えにすれば、「いい会社だから買い時じゃないか」と思えるようになります。そしてこのロジックにおいて、「予測」はさほど重要ではないのです。

しかも、現代のような情報がほぼリアルタイムで飛び交う時代に、個人で手に入る情報と私のようなプロの運用者が手にする情報との間に、差はほとんどありません。

市場に身を委ね、下がったら買い、上がったら売る。信頼があるがゆえにできるこの単純作業を、私は毎日繰り返しています。

非常識⑦　成績より「理想」を追う

投資信託を取り扱う会社が、どのように儲けているかご存じですか。収入は大きく

2つ。信託報酬と販売手数料です。

一般に、販売会社の販売手数料は3%程度です。自社の売上（収入）を確保したいのだと思いますが、実は高ければ高いほど悪循環に陥ります。

信託報酬は運用管理手数料とも呼ばれ、受益者が保有している間、ずっとかかります。販売手数料とは、販売したときに発生する手数料です。

運用と販売の両方を行っている鎌倉投信は、販売手数料は取らず、信託報酬だけで運営しています。「結い2101」の純資産額の1%（消費税別）が信託報酬で、私たちのお給料などもここから出ています。

たとえば1%にあたる信託報酬が1日計算で50万円だった場合、ファンドマネージャーは毎日50万円以上勝たないと、投資家の方に還元できません。

2%だと100万円、3%だと150万円……上げれば上げるほど、私たちの給料は高くなります。しかし、3%ならその3%のぶんを余計に稼がなければならないため、同時にファンドマネージャーのプレッシャーも高くなり、必然的に投資家への還元率は下がります。

ファンドマネージャーとしては、信託報酬は低いほうがいいのです。ちなみにファンドを立ち上げるとき、私は本当は「0・8％」がいいのでは、と考えていました。だけど事業を存続させるためには、「最低1％か、それ以上は必要だ」ということもわかってきました。そのせめぎ合いのなかで、1％に落ち着きました。

でも、低い信託報酬に設定したことによっていいこともありました。理想を追うことができるのです。

たとえば、信託報酬が3％の投資信託があったとします。すると高いリターンを望むから、必然的に「ハイリスク・ハイリターン」の商品になる。すると投機的な投資家が集まるので、「いい会社の応援」より「勝つ」ことが優先されます。

「結い2101」は「所詮、理想だ」と言われます。でも実際、理想を追うことができています。給料はさほど上げられませんが、そのぶん競争相手も生まれません。結果として、成績よりいい会社の応援をするという理想を追うことができたのです。

非常識⑧　3つの「ありえない数字」で想いを支える

現在、「結い2101」の資産残高は130億円です。このまま成長した場合、数年後には300億円くらいに成長するでしょう。その際、いい会社が増えていないようであれば、新規客の購入申込の受付をやめる「ソフトクローズ」をせねばならないかもしれません。

運用の世界では「ファンドは大きくなりすぎてはいけない」という常識があります。これは「結い2101」でも同じです。

ただ「結い2101」の場合、それは3つの「非常識な数字」に理由があります。まず、**全体のリスク量を10%以内におさえようとしています**。

すでに述べた、「結い2101」がお預かりしているお金の3割を現金で持っていることは、このリスク量の管理のためでもあります。

投資信託のなかには、預かり資産の100%を株に投資するものもありますが、「結い2101」では、現時点では7割のみ投資しています。少し難しい表現になりますが、こうすることで、リスク量を管理することが可能になります。市場全体のリスクが上がれば、株式の割合を減らし（現金の割合を増やし）、リスクが下がれば、株式の割合を増やす（現金の割合を減らす）。現金を手元に持っているからこそできる細かなリバランスで、全体のリスク量を10%以内におさえる努力をしているのです。

次に投資金額ですが、**1社あたりの比率を、純資産総額の1・7%にしています**（現時点での管理比率です）。投資先銘柄の公開に加えて、その銘柄に等金額で投資しているのは、「結い2101」くらいかもしれません。

これは投資先に、一般的には倒産のリスクも高いと言われているベンチャーも多いためで、仮に投資先が倒産しても、全体のリターンに大きな影響がないようにしているのです。ちなみに現在、投資先の1社が倒産しても、約1万6000円（2015年2月末時点）の基準価額は200円程度しか下がりません。これが本当の「分散投資」です。

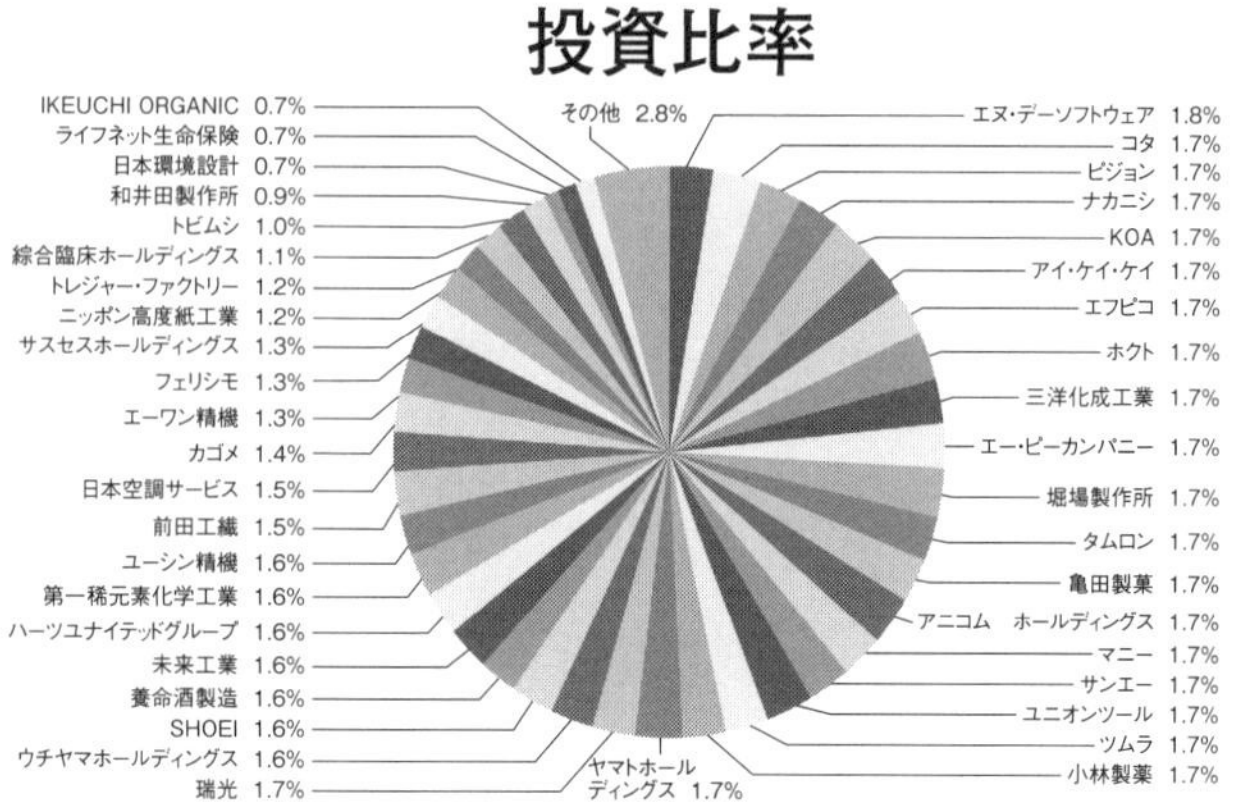

2015年2月末時点の「結い2101」の投資比率。すべての銘柄に等金額で投資するのは、ベンチャーに投資してもリスクを抑えるための工夫の一環（作成：鎌倉投信）

さらに**投資先の発行済み株式のうち、「結い２１０１」が持つ比率を基本的には５％未満にしています。**５％以上になると、「大量保有報告書」を提出しなければならなくなります。そうなると、投資先企業にも手間が発生してしまい、負担となります。また、投資先企業を支配するようなことはしたくない、という考えもあります。

これら３つの数字からいえるのは、１社に投資できる金額は限られている、ということです。そして今後は、企業の成長より資産総額の成長のほうが高くなる可能性があり、そうなると投資効率が下がるのです。

もちろん、300億円を超えても運用はできます。たとえば、日本には「1兆円ファンド」なるものもありました。でも残高が大きくなれば、トヨタや日産などの大型株を入れなければならない。もちろん大型株への投資が悪いわけではないのですが、他のファンドも彼らには投資していますから、成績も似通ってくる。結果、私たちの存在意義がなくなるのです。

「結い2101」の受益者は、現在約6割の方が「積立型」を利用しています。毎月一定額を、「結い2101」に投資してくださっている。だから新規客を止めても、自然に400億円、500億円と成長する可能性もあります。それを見越すと、300億円くらいでソフトクローズし、業界の常識通り「ファンドを大きくしすぎない」ことがベターなのです。

鎌倉投信の運用手法は、業界では極めて非常識です。でも奇をてらったわけではなく、私たちなりの生き残り方を考えた結果、この方法しかなかったのです。

運用開始当初から、**「リスク10%、リターン5%」**を目標にし、いまも実現できています。5%のリターンから1%の信託報酬を引いた4%が、受益者の方々に還元される仕組みです。

運用する投資信託は、「結い２１０１」、ただ１つだけ。これがコケたら、鎌倉投信もコケるわけですから、社員全員がこの商品に魂を込めています。

「いい会社」への投資で利益もあげる。私たち鎌倉投信の「非常識さ」について、なんとなくわかっていただけたでしょうか。次章からは、私が、そして鎌倉投信がどうしてこのような投資哲学に至ったか、なぜ、そしてどうやってこのような「ありえない」投資で成功できたのか、１つ１つ詳しく述べていきます。

第2章

「投資は科学」から「投資はまごころ」へ

——「リターン」を再定義する

投資のリターンが〝仏の心〟？

ある受益者・Aさんのお話です。

Aさんは50代の男性で、退職後の資産形成を目的に、「結い２１０１」への投資を始めました。当初はお金を増やすことだけが目的でしたが、受益者総会などに出席し、意識が変わったそうです。

影響を与えたのは、投資先企業の経営者の「本気」でした。彼らには明確なビジョンがあります。トビムシのように日本の林業に力を注ぐ会社もあれば、のちほどご紹介する「ＩＫＥＵＣＨＩ　ＯＲＧＡＮＩＣ（以下、イケウチオーガニックと表記）」というタオル屋さんは環境への負荷を軽減するため、製造工程でかかる電力をすべて風力発電でまかなっています。

Aさんは、経営者の「本気」に触れるうち、我が身を振り返りました。自分には本気で取り組んだことがあっただろうか。胸を張れる生き方をしてきたか。考えた挙げ句、彼はまず家族に優しく接することを決めました。Aさんは、「結いにお金を投じたら、仏の心を手に入れた」と、言います。いったいどういうことなのでしょうか。

リターンは「お金」でないといけないのか

投資に必ずつきまとうのは「リスク」と「リターン」の考え方です。金融商品は「ローリスク・ローリターン」「ハイリスク・ハイリターン」など、リスクとリターンの度合いによって分類されます。

概して日本人は、ローリスクの金融商品を好みます。その最たる例が「預貯金」です。ローリスク・ローリターンの代表例である銀行預金は、金利が極端に低い、すなわちリターンが少ないのですが、一般にはリスクはほとんどないと考えられています(本当のリスクが何なのかは、次の章で述べます)。

非常識な「リターン」の定義

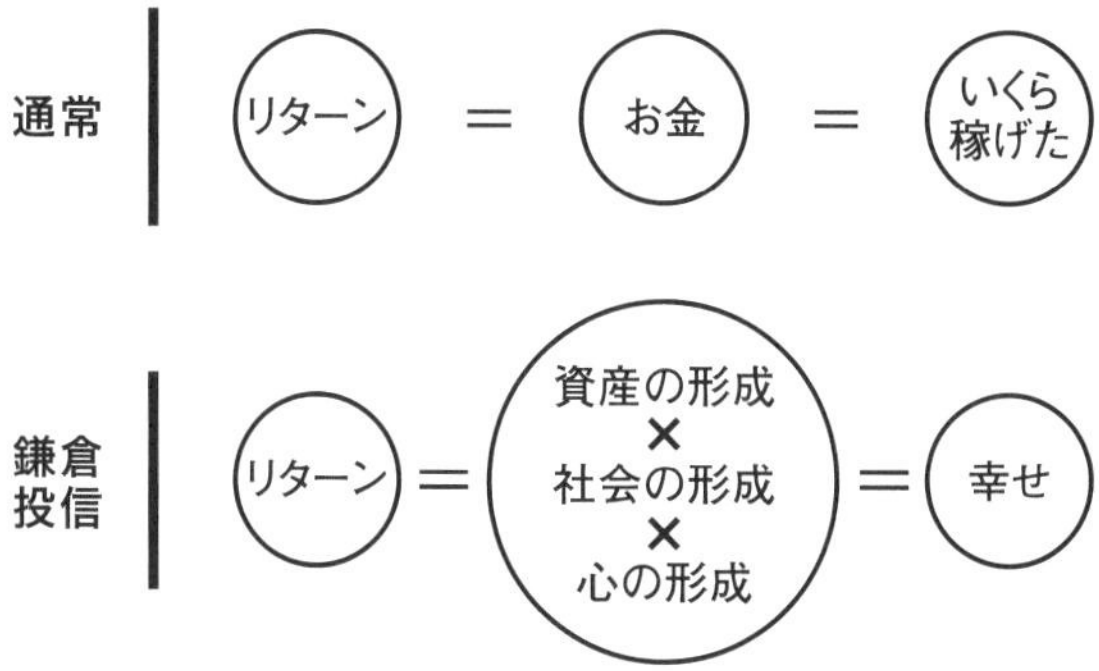

結果として投資家も「豊か」になる

とはいえ、投資で言われている「リターン」が金銭以外を指すことはありません。

でも、そもそもリターンとは、お金でないといけないのでしょうか?

もちろん鎌倉投信も運用会社ですから、お預かりしたお金は、増やしてお返しする責任がありますし、それができないのなら私はプロ失格です。

しかし、お金を差し出した先に得られるものは、お金だけではないと思います。もし、お金でしかお返しできないのなら、他社と同じく「いくら稼げるか」だけで評価されてしまうでしょう。

鎌倉投信は、リターンの定義を変えまし

た。

運用会社の使命である**「資産の形成」**に加え、**「社会の形成」**、そして受益者の**「心の形成」**。これら3つをリターンに据えたのです。投資先が会社や社会を豊かにすれば、結果として受益者の心も豊かになる。そして**3つのリターンがかけ算されたら「幸せ」がもたらされる**。そう考えているのです。

リターンがお金だけでは、「幸せ」にはなりません。むしろ「さらに増やしたい」という欲が生まれ、幸せとは逆行します。前職であるバークレイズ・グローバル・インベスターズ（現ブラックロック・ジャパン。以下ＢＧＩと表記）時代の私がそうであったように。お金は、人生のゴールにはならないのです。

先の受益者Ａさんは、私たちが「結い２１０１」で目指した「リターン」の形を体現してくださいました。彼はお金を投じたことで、自身の資産だけでなく、「社会の形成」にも貢献し、結果として「仏の心」、まごころを手に入れたのです。

そのことに気づけたのは、私自身が「常識的な運用者」だったからです。外資系金融ＢＧＩで最先端の金融工学を駆使し、年金資産など、数兆円を運用していました。

当時の私は、「投資は科学」だということに、疑いを持っていませんでした。心ではなく、数式やモデルから導き出される方法によって運用することが最善だ——そう考えていました。しかし、そうして積み上げた8年は、リーマン・ショックで脆《もろ》くも崩れさりました。

この章では、なぜ私が「非常識な投資信託」を運用するに至ったか、その背景に言及しつつ、どうして科学ではなく「投資はまごころ」で成功するのか、解き明かしてみようと思います。

「人生は登った階段の数で決まる」——豊かさを求めて

私は神奈川県の横浜で生まれ、横浜で育ちました。そして小学生の頃から、家庭教師がついていました。でも、母が「教育ママ」だったからでも、特段裕福な家庭に育ったからでもありません。父が「学ぶ」ことの大切さを知っていたからです。

父は畳職人でしたが、学歴がありません。小さい頃に丁稚《でっち》奉公に出されたため、小学校にも通っていないそうです。

私には、学ぶ機会とたくさんの愛情を注いでくれました。横浜国立大学教育学部附属中学校に入る――小学生の頃、そんな目標を立てていました。

生活が一変したのは、小学5年生のときです。父がバイクに乗っているとき、トラックに引き込まれました。ひき逃げです。幸い命は助かりましたが、事故の影響で畳を縫うことができなくなりました。実は母も生まれつきの小児まひで、小さい頃から車いすで育っていて、働くことができません。

父が事故に遭ったあと、「自分が働かねば」と思ったのを覚えています。附属中学への進学は諦め、中学生のときは父親の代わりに畳の運搬などを手伝い、高校生から家庭教師のアルバイトも始めました。大学は、東京理科大学の夜間部に進学しました。

最初の転機は、大学時代にアルバイトをさせてもらった監査法人です。仕事を通じて、たくさんの企業経営者とお会いしました。大学生にもかかわらず、なぜか企業コンサルティングの仕事にも携わらせていただきました。

当時の経験は、多くの経営者の方とお会いするいまも役立っています。

当時、私は**「人生は登った階段の数で決まる」**と考えていました。

家がお金持ちで、慶應や早稲田に行った同級生もいました。高級住宅街に生まれ、ずっとエリートコースを歩みつづけた友人もいます。

一方、私は、大学時代もめちゃくちゃ働いていました。

仕事が終わったあとに大学に行くため、授業中に居眠りすることもありました。授業が終わっても寝つづけたこともあり、心配した先生が、起きるまでずっと見ていてくれたこともありました。

起きた瞬間、「オレの授業はそんなにつまらないか?」と聞かれましたが、単純に疲れていたのです。あのときの先生には、いまも申し訳ないことをしたと思います。

一見、私の環境は不遇にも思えます。でも、他人を羨《うらや》んでもしょうがない。

むしろ私は、父と母があったからこそのものだ、と考えていました。父は必死に畳を縫いました。事故後は仕事ができなくなりましたが、人には大変好かれました。母は精一杯私を愛してくれた。私は幸せな家庭で育ったのです。

だから、目の前の階段を登りつづけるしかない。登った数で、自分の人生は豊かになると考えていました。ただし、その「豊かさ」とは何なのか、わかってはいませんでした。

数兆円の運用が体を蝕む

大学卒業後、就職先として選んだのは、住友信託銀行（現三井住友信託銀行）でした。

同僚は、東京大学や京都大学など名だたる大学出身の人ばかり。「彼らには負けたくない」と、本来は全部取るのに5年くらいかかる資格の数々を、1年半で取りました。

人事の方に希望を聞かれたとき、ふと「もっと勉強したい」と答えました。おそらく、父の影響でしょう。のちに、投資手法を調査・研究する「投資調査部」に配属になりました。

投資や運用の世界を知るうちに、海外の運用会社のほうがすごいということを知りました。彼らには、ノウハウと哲学があるのです。

2000年、同じ部門の先輩が転職した運用会社「バークレイズ・グローバル・インベスターズ」に転職。鎌倉投信の創業メンバー3人とは、この会社で知り合いました。

BGIは、全世界で200兆円（2007年当時）の資産を運用する会社でした。当時、日本国内では運用総額で1位。「採用したい運用会社」でも数年連続1位になるなど、実績もありました。

そして何より、BGIには**「投資は科学」という哲学**がありました。これは、投資判断のすべてをモデルで判断し、運用者はそのモデルを開発・改良する役割に徹するという考えです。個人の能力に依存せず、組織で長期的な連続性を担保するため人間の精神的な弱さを排除しようという発想です。私は、人間の情緒的で不安定な意思決定を排除したこのモデルによる合理的な判断が、多くの人々を金融的束縛から解放し、

「豊かさ」をもたらすことができると信じていました。

私が配属されたチームの運用額は約10兆円。預けてくださったお客さまの資産を増やし、豊かになってもらいたい。その一心で、最新の金融工学を学んで新しい投資手法を開発するなど、必死で働きつづけました。その結果、私自身も多くの報酬をいただき、豊かな暮らしを手に入れました。

しかし2007年の夏、私の体に異変が起こります。

当時私は、休暇のため、オーストラリアに向かっていました。予約していたのは、1泊十数万円のホテル。エアーズロックが目の前に見える、素晴らしい部屋です。でも予定していた5泊中、ほとんど寝ていました。行きの機内で倒れたからです。足の裏に、湿疹ができていました。水虫かと思って市販薬を塗ったら、さらに腫れ上がる。病院で調べても、水虫の菌は出ませんでした。女性の先生に向かって、勇気を振り絞って「水虫」だと宣言したのに、「菌はいません」。その後、5つの大学病院を回りましたが、病名はわかりませんでした。

結局わかったのは、別の用事で近所の皮膚科に行ったときでした。灯台下暗し、です。掌蹠膿疱症《しょうせきのうほうしょう》という難病でした。

薬が効かず、爪の内側に湿疹ができると、痒《かゆ》いのにかけなくて苦しみました。ひどい日には足の裏から血が出て、靴下が履けないときも。ネットの書き込みには「7年ぐらいは治らないかも」とありました。

お医者さんに「どうやったら治りますか」と聞いたら、「会社を辞めることね」と冗談まじりに言われました。医師は、仕事のストレスが原因だと考えたようです。

当時私は、仕事にやりがいを感じていました。しかし、相当な負荷がかかっていたことも事実です。なぜなら、ちょっとしたエラーで、お客さまの資産が200億円、300億円単位でひっくり返るのですから。

正しいことをやっていると信じていましたが、体は無理をしていたようです。妻は、「病気をしてまで仕事をしないでほしい」と私に頼みました。

会社を辞めることを決めた私は、1年をかける予定の丁寧な引き継ぎ作業に入りました。その後の2008年、リーマン・ショックが世界を襲うとは、このときは思ってもいませんでした。

投資は科学vs投資はまごころ

ここで少し、投資哲学の話をさせてください。同じ運用業界でも、私の前職であるＢＧＩと鎌倉投信とでは哲学が大きく異なるからです。

ＢＧＩの哲学は、そしてかつての私の哲学は、「投資は科学」でした。わかりやすく言えば、「売る」「買う」などの判断を個人に委ねず、科学によって行う、というものです。どんなに優秀なファンドマネージャーも、いつか死んでしまいます。お客さまの資産を長きにわたってお預かりするには、科学に基づいて運用することが大事だという考えです。博士号をとった先生がつくった会社だったことも、その哲学に影響しているかもしれません。

統計学や金融工学を専門とする人たちが「ベストな数式」を考えていました。外国人比率がここまで上がると日本株がこのくらい上がる、持ち株比率がどの程度まで下がると株価はこのくらい上がる、とか。日々動く世界情勢を見ながら、数式に改良すべきところが見つかれば、論文を書いて数式を変えていきます。人は合理的に動くという前提も、当時の私はしっくり理解できました。数式にそって運用すれば、安定した結果が出ました。

一方、鎌倉投信の投資哲学はまったく違います。創業期の話に戻りましょう。鎌倉投信は、4名のプロでスタートしました。社長の鎌田恭幸《やすゆき》に加え、オペレーションのプロである塚本泰史《やすし》、内部管理のプロである平口武則《たけのり》、そして運用担当の私です。

週に1度、議論を続けるなかで、徐々にコンセプトが固まってきました。**そのコンセプトこそが、「投資はまごころ」。私見を一切入れない「投資は科学」という哲学とは、真逆の考えです。**

周囲の反応は散々でした。

以前の同僚は「新井はとうとう頭までおかしくなった」と言いました。さらに投資家からは「何を寝ぼけたことを」と言われました。当時、企業の使命は、利益を極大化させ、株主に還元することだと言われていたからです。私たちが目指す「人に優しい会社」「社会貢献する会社」とは対立する考えでした。

ある投資家は「人の金で社会実験するつもりか」とも言いました。

ある意味「社会実験」なのかもしれません。日本の社会的課題を解決しなければ、利益にはつながらない。そんな仮説のもとで投資を行うわけですから。

でも経済は、20年もの間、低迷しつづけています。ならば、これまでの延長線上にゴールはない、と切り替えねばならないのに、誰もそれをやっていない。だから鎌倉投信がチャレンジしたのです。

確信を持てたのは、投資信託を直接販売する、というモデルに行き着いたときです。一般的な投資信託には満期がありませんから、１００年でも保有することができます。また通常、投資信託は銀行や証券会社などの販売会社を通じて販売しますが、直接販売なら受益者の方と対話ができる。投資信託なら、「つながりのある金融」を具現化できると気づいたのです。

リターンは「予測力」の限界を認めることで生まれる

しかし、「投資はまごころ」でうまくいくのか、と疑問に思う方もいらっしゃると思います。そんなやり方でリターンが得られるのか、と。

もちろん、私はリターンの1つである「資産の形成」には手を抜きません。「結い2101」は4％のリターンをお客さまにお返しすることを目標にしています。「ローリターン」ではありますが、「結い2101」は投資効率がよいのが特徴です。「R＆Iファンド大賞」ではその点が評価されました。

なぜ、それでリターンが生まれるのか。第1章でもお伝えしましたが、「とても地味で面倒な仕事」をやっているからです。

ひと言で言うと、今の目標である1・7％を基準に投資先の株価が下がったときに買い、上がったときに売る。これを毎日コツコツやるだけです。

作業時間は、朝9時から10時までの約1時間。パソコンの前に座り、保有する会社の株価をチェックして売買します。

1日の利益は、数十万から多くても数百万円程度です。でも小学生のお小遣いのように、毎日コツコツと積み重ねて、利益を生んでいます。

一体なぜ、こんな面倒なことをやっているのでしょうか。

BGI時代、私たちのチームはずっと成長しつづけました。それも、飛ぶ鳥を落とす勢いで。

でもその手法は、次から次へと真似られました。一定の計算式に基づいて売買をしていますから、真似することは不可能ではありません。しかしそうした手法の真似の応酬の結果、自分たちだけが勝つ、ということはどこもできなくなっていきました。最終的にリーマン・ショックで多くの会社がたくさんの財産を失ったのは、どこも同じような方法で取引していたために、共倒れとなったからです。

結局、どんなに優秀な人間でも、どんな運用会社でも、完全な予測をすることはできません。**むしろ、できないことを「できない」と言えることがプロなのでは、と思うようになったのです。**

しかも、技術力単体ではＢＧＩには勝てません。なぜなら、私１人ではあの圧倒的なスタッフと技術にどうやっても追いつけないから。であれば、いい会社を応援しつつ、技術で勝負するハイブリッドな方法を提供すれば、小さな金融ベンチャーでも生き残れるかもしれないと考えたのがこの運用手法なのです。

第１章で、私は「予測をしない」と申し上げました。通常、ファンドマネージャーは、

「この会社の業績がよくなるのでは」

「この会社はなんだかきな臭い」

と予測して、投資先を見極めます。でも予測は、プロでも外れる。当たる確率と外れる確率は、50：50くらいではないでしょうか。

実際、ファンドマネージャーの多くは、自分が運用するファンドに自ら投資する、ということはほとんどしていません。本当に自分の予測に自信を持っているなら、自分の財産をつぎ込んでもいいはず。でも投資しないということは、たとえ予測したとしても、そこに魂は入っていないことになるのです。

話を戻しましょう。リターンを最大化するための第一歩として、私はごく簡単なことをやりました。**「自分に能力がない」と認めることです。**

予測をして当てることなどできない。また誰にも真似されない「勝つ手法」を確立することもできない。だから、小学生のお小遣い稼ぎのように、毎朝1時間、地味な仕事をコツコツと続けることにしたのです。

毎日の仕事は、厳密なルールに則《のっと》って行われています。

1企業に投資する額は、現時点では「結い2101」の純資産総額の1・7%。**とにかくルールに則り、1・7%を上回ったら売り、下回ったら買う。**毎日コツコツと売り買いを繰り返しているだけです。

能力がないのだから、日々の努力が大切。そして、ひたすらルールを守ることが重要。そこには、感情も自信も入れません。イチロー選手と同じで、必要なのは日々の努力なのです。

もちろんプロなので、「できない」で終わらせることはできません。能力がないなかで「何ができるか」を考えたのが、いまの方法です。

仕事も地味なら、リターンも地味。しかし、それゆえに誰も真似することができない。「結い２１０１」は、そんな投資信託です。

「お父さんって悪いことしてるの？」

リーマン・ショックの結果、金融業界の信用は地に落ちました。高いプロ意識とプライドを持って働いていた人も、一転して疑いの目を向けられました。

一緒に働いていた同僚も、その1人です。彼は真面目で、目の前の仕事に一生懸命な人間でした。もちろん、自分たちの仕事を「正しい」とも思っていましたが、あるとき子どもに、

「お父さんって悪いことしてるの？」

と、問われてしまいます。お子さんは、リーマン・ショックのニュースを見てそう思ったのだそうです。彼はとてもショックを受け、結果としてＢＧＩを去る決心をし

ました。最後、私にかけてくれた、
「金融を変えられるのは、お前らしかいないから頼む」
という言葉が、いまの私の一番のモチベーションです。

運用業界では欠かせない「リターン」という概念。そもそも、リターンはどのように生まれるのでしょうか。

鎌倉投信は、リターンを3つ定義しました。その1つである「資産の形成」は、先のように地味な仕事によって生まれています。

でもそれ以外の2つ「社会の形成」「心の形成」は、私の投資哲学を切り替えたことで生まれたように思います。

経済学と経営学は対極にある

ＢＧＩ時代、私は「投資は科学である」と思っていました。科学である以上、すべては「数字」で意思決定がされました。それは、とても合理的な手法でした。

私は当時、主に年金の運用を担当していました。長期投資の視点で運用しており、「お客さまの資産をお守りする」という視点を忘れたことはありませんでした。

ですが、毎日「売ったり」「買ったり」をしていたわけですから、一般の人から見ると「マネーゲーム」をしていた1人、になるのでしょう。「売ったり」「買ったり」の作業は、長期視点の運用であっても必要なのですが、一般の人には理解されにくい。広く理解してもらえる仕組みが必要でした。

そのヒントは、坂本光司先生の著書『日本でいちばん大切にしたい会社』（あさ出版）に出会ったとき、見つかりました。

この本には、長野県にある伊那食品工業という寒天製造の会社が出てきます。ここでは経営者や社員が朝から庭掃除をするのですが、経営面での効果をロジックでは説明できません。売上に直結しないことに時間を割いているわけですから、経済合理的な会社とも言いづらいでしょう。でも真摯《しんし》な姿勢が伝染するのか、彼らは地域で愛され、「この会社に入社したら安心」と言われる会社に成長しています。

坂本先生に教えを乞ううち、**経済学と経営学は対極にある**ものだと考えはじめました。極端な例ですが、掃除をしているうちに人が集まり、愛される会社になる。そしてそれが雇用や利益を生む。この流れをロジカルには説明することは難しいのですが、どう考えても「非合理的」な彼らの活動からは、正のスパイラル――そのなかには金銭的な利益も――が生まれているのです。

こんな事実を突きつけられると、「投資は科学」とは言いづらくなりました。なぜなら経済学上では無駄だと言われていることが、結果としてよい経営を生んでいるのですから。

世の中には数値化できないものもある。そして数値化できないところに人は共鳴し、経営が成り立つ。ロジックでは説明できないこの仕組みを金融に置き換えられないか、と考えて生まれたのが「投資はまごころ」というコンセプトです。

リターンは科学ではなく、まごころから生まれる。「結い2101」のリターンは、その源泉を180度変えたことで生まれたのです。

信頼があるから「逆張り」ができる

もし欲しい洋服が明日半額セールになることがわかったら、あなたはいつ、その洋服を買いますか？

おそらく相当な事情がある人以外は、明日まで待つでしょう。なぜなら、同じものを半額で買えるわけですから。

でも投資の場合、そうはいきません。同じ会社の株であっても、半値まで下がってしまうと、「この会社はヤバイんじゃないか」と思ってしまう。そして高値で買った株であっても、安くなると売ろうとします。

このような投資家が多いと、3つのリターンは生まれません。3つのリターンとは「資産の形成」「社会の形成」「心の形成」を指します。

まず、第1章でも触れましたが、頻繁に売買が行われると、運用会社はファンド内に一定額のお金を用意しておかねばなりません。ファンドマネージャーとしては、株価が下がったときが「買い」なのですが、ファンドの「売り」が殺到すると投資家にお金を払わねばならないため、手元資金がなくなり、買い増しできないのです。結果、「資産の形成」が難しくなります。

2つめに、「社会の形成」からも遠のきます。投資先の企業には、調子のよいときと悪いときがあります。たとえばベンチャー企業の場合、潤沢な利益が出るまでには結構な時間を要します。その苦しい時期に「売り」が続くと、社会をよくしようとするベンチャー企業にもお金が回らなくなり、結果として、社会の形成も生まれません。

さらには3つめの投資家の「心の形成」も難しくなります。短期的に売買すると、お金は儲かるかもしれません。でもお金が増えることと、心が豊かになることは別モノ。むしろ人の欲には終わりがありませんので、「もっと欲しい」となるかもしれません。

つまり**鎌倉投信のビジネスモデルは、「価格が下がっても辛抱強く支えてくれる投資家」ありき**、なのです。

しかし日本の投資家は、リスク商品に慣れていません。価格が下がることをものすごく嫌います。これを「下方のリスク許容度が低い」と言います。「ノーリスク・ローリターン」の預貯金が好きなのは、そのせいです。

また日本人は、同じ方向を向きやすいという性質を持ちます。だから日本人は、最もやってはいけないとされる「市場が下がったら売る」という行為に走ります。

もちろん日本人のみならず、人間誰しも情緒的です。周囲がみんな「大丈夫か？」と言っているときに、お金を投じつづけるのは怖い。日本人は特に同調性が高いため、日本のマーケットは下げるときに大きく下げ、上げるときに大きく上げます。

でも、マーケットとは逆のことをするのが投資です。特に**「資産の形成」のためには、下がっているときに買い、上がっているときに売るのが最も儲かるのです。このために必要なのは、「信頼」です**。信頼があるから、鎌倉投信は投資先企業が下がっても投資先の株を買い増せるし、「結い２１０１」の受益者（もしくは投資したいと考えている人）も「結い２１０１」を買い増せるのです（信頼をもとにした投資が成功する理由は、第４章で詳しく述べます）。

欲しい洋服が明日半額で買えるなら、多くの方は1日待つはずです。金融商品や株も同じで、これが「資産の形成」面では最も有利。そしていい会社にお金が回れば、「社会の形成」にも「心の形成」にもつながる。

つまり投資家の皆さんには、逆風が吹いているときも応援しつづける「ファン投資家」になっていただきたいと考えています。

事実、鎌倉投信は多くのファン投資家に囲まれています。その証拠に「結い２１０１」への入金は、東日本大震災のときに一気に上がりました。入金件数だけでいえば、通常時の10倍近い数字でした。この風潮が進めば、日本の金融も大きく変わる気がします。

第3章

「経営効率の悪い小型株」で、「リスク」はチャンスに変わる

――「リスク」を再定義する

1つの会社が社会からなくなるということ

2009年、私は愛媛県今治市で行われた「タオル折り紙教室」に参加していました。これは、タオルメーカーのイケウチオーガニックの前身である池内タオルが、地元の子ども向けに開催したワークショップ。愛媛県までわざわざタオルを折りに行ったのは、どうしても確かめたいことがあったからです。

当時私は、池内タオルに投資することを考えていました。自社で風力発電の権利を買い、その電力でタオルを織っていることで話題になっていました。いわゆる「エコな会社」で、商品は「風で織るタオル」と命名されている。でも、その「エコ」がどこまで本物なのか、それが知りたかったのです。

タオルをクマの形に折ったあと、私は池内計司《けいし》社長に名刺を出しました。「そういうことかいな」――名刺を見た社長はそう言いました。ワークショップ中、タオルを折るオジサンを、不思議に思っていたそうです。

聞くと池内社長は、環境問題への取り組みに大変積極的でした。ゴミを減らすため、ペットボトルのお水を買わないのだそうです。ペットボトルの水を売るな、と駅の売店に抗議したこともあるとか。海外出張のときだけ、エコノミークラス症候群を防ぐために「仕方なく」飲むのだそうです。トータルでも年間5本くらい。

池内社長は本気なのだとわかりました。そして「是非お役に立ちたい」と申し出ました。

しかし、池内タオルへの投資は、極めて「非常識」なことでした。

実は池内タオルは、2003年9月に民事再生法適用を申請した会社です。売上の7割を占めていた取引先が倒産し、資金繰りが立ち行かなくなったのです。でもタオルの品質は極めて高く、1999年に立ち上げた自社ブランドは、アメリカでの受賞実績もあります。

民事再生法適用を申請したのは、取引先の倒産がきっかけです。タオルの品質が低下したわけでも、生産能力が落ちたわけでもない。なのに、金融機関からの融資はすべてストップしました。

社長の個人資産も、すぐに底を突きました。お客さまの注文があっても工場を動かせない。池内社長は、
「ここまで融資がストップするとは思っていなかった」
とおっしゃっています。

日本の金融機関は、倒産をとても嫌います。民事再生法適用を申請した会社も、扱いはほぼ同じ。新たなスタートを切ろうとしても、銀行が融資に踏み切ることは滅多にありません。彼らにとって、一度立ち行かなくなった会社への融資は「リスク」なのです。

でも、再建に必要なのもお金です。当時池内タオルにはたくさんのファンがいましたから、タオルをつくれば売れたかもしれない。でもお金がないから、製造もままならなかったと言います。

民事再生法適用申請のニュースを見て、ネット上には「がんばれ池内タオル」というファンサイトもできました。それを見て徐々に注文が入りはじめたそうですが、それでも金融機関はお金を出しませんでした。

そんな池内タオルに、「結い2101」は投資をしました。リスクを嫌う金融業界では「非常識」な動きですが、私は池内タオルへの投資を「リスク」とは思いませんでした。

倒産そのものはリスクではない

私は**「真のリスク」は別のところにある**と考えます。少し回り道になりますが、アメリカで2001年に起こった「エンロン事件」をもとに説明します。

これは、アメリカのエンロン社における不正発覚事件です。エンロンは多角的な事業展開で成長していましたが、実は債務の隠蔽《いんぺい》が行われており、その不正が明るみに出て株価が暴落、破産しました。

当時私は、BGIで外国株式を担当していました。エンロンには私のチームも投資していたため、お客さまは「なんでそんな銘柄を持っていたんだ」と私を叱咤《しった》しました。プロだったら倒産する銘柄くらいわかるだろう。そう言うのです。サラリーマンだった私は「すみません」と平謝りしましたが、そもそも上場企業の倒産なんて、プロであってもわかるものではありません。

さらに言ってしまうと、もし倒産を判断できるだけの材料があるなら、それはインサイダー情報になります。インサイダー情報をもとに倒産前に売り抜けたら、捕まってしまうのは明らかです。

なのに、投資先が倒産すると、投資家は怒ります。こうした構図は、特に日本で見られる現象です。

池内タオルの例にもある通り、日本人は「倒産は失敗」と考えます。会社を倒産させた経営者も、「過ちを犯した人」として後ろ指を指されます。

でも、アメリカは逆です。ベンチャーの経営者に倒産実績があっても、マイナスにはなりません。むしろ「失敗によって学びを得た」と、プラス要素になることもあります。少なくとも同じ失敗は繰り返さないだろう、と考えるからです。

ファンドマネージャーの立場から見ても、倒産は大きなマイナス要素ではありません。経営者の方にとって倒産や民事再生手続きは身を裂かれる思いでしょうから、「大したことはない」とは思いません。ですがファンドマネージャーから見ると「リスクの一部」でしかない。少し乱暴な言い方かもしれませんが、**「投資先の1つの株価が100%下がった」という感覚**なのです。

「結い2101」は、倒産リスクを最小限にするため「分散投資」を行っています。「結い2101」では、1社への投資額は純資産総額の1・7%以内としています（現時点での基準）。2015年2月現在、投資先の1社が潰れたとしても、約1万6000円の基準価額は200円程度しか下がらない仕組みになっています。

ここで皆さんに問います。

ファンドの基準価額が200円下がるリスクと、たとえば池内タオルのような会社がこの世からなくなるリスク、どちらが本当の意味でのリスクだと考えますか？

私は、投資先の倒産は真のリスクではない、と考えます。**むしろ社会からいい会社がなくなることのほうが、真のリスクなのです。**

会社にお金が必要なとき、金融機関の多くは手を差し伸べません。潰れるリスクがあるからです。

でも誰もお金を貸さないと、会社は潰れます。池内タオルがどんなに素晴らしい会社であっても、池内社長が踏ん張らなければ、この世からなくなっていた可能性もあるのです。

もう一度、皆さんに伺います。

投資先の1社が潰れたら、基準価額は200円下がります。この200円は、皆さんにとってリスクですか?

経営効率と利益率では何も見えてこない

岐阜県に「未来工業」という会社があります。コンセントの裏にある「スイッチボックス」という部品をつくる会社です。シェアは高いですが、さほど大きな利益が出る商品ではありません。

未来工業は、同業他社に比べて平均年収も休日数も多いことで有名です。きちんと利益も出していますが、運用会社から見ると、トヨタなどの大きい会社に比べて「リスクが高い会社」になります。企業規模が小さいからです。

通常、ベンチャーなどの小さい会社の株、すなわち「小型株」は、大きな成長が期待されることなどから株価の変動が大きいのが特徴です（ボラティリティが高い、と言います）。

そして、運用会社が小型株に投資するときの理由の1つが、このボラティリティの高さをあてにしているから、と言えます。なぜなら、変動幅が大きいということは、多くの利ざやを獲得するチャンスがあることを意味しますので、大きく儲けることができる可能性があるからです。

もちろん、そうした小さな会社は、倒産する可能性も高く、これを指して小型株はリスクが高い、と言われます。

しかし、私は**小さい会社のなかに、リスクが高くないところがある**ことを知っています。

たとえば、中小企業でもキャッシュリッチ、すなわち借入金がほとんどなく、現金をたくさん持つ会社などがそうです。未来工業は、まさしくこのタイプの会社です。

ただし、ここでも「常識」が邪魔をします。現金をたくさん抱えている会社は、「経営効率が悪い」というレッテルを貼られてしまうのです。経営効率が悪い会社は、「どんくさい会社」などとも言われます。

また、追い求める利益率が業界ごとに違うことへの理解度の低さも、こうした「どんくさい会社」に資金が回らない理由だと思います。

「結い2101」が投資しているベルグアースという会社が活躍しているのは、農業の世界です。農業で、IT企業と同じくらいの利益率など、出せるはずもありません。もし、高い利益率しか許されないのだとしたら、この世にはIT企業しか存在しなくなるかもしれません。しかし、それでは社会のほうが成り立ちません。

経営効率が悪く、利益率も低い。そんな会社は、投資しても旨味が少ないため、投資家やファンドが見つからなくて困っています。日本には、そうした中小企業のほう

が圧倒的に多いにもかかわらず、です。

私たちは、そうした「どんくさい会社」で、「小型株はリスクが高い」という常識を覆す企業を、さまざまな業界で見つけています。そして組み合わせて分散投資することで、全体のリスクを減らし、投資家の方に安心して投資してもらえる枠組みを提供しています。

赤字、非上場でも投資するのはなぜか

先ほど、「小型株はリスクが高い」と言いましたが、もちろん、大企業だからすべてが安心、というわけではありません。

たとえばあるハンバーガーショップは、異物混入の報道で一気に業績が傾きました。企業規模が大きいと報道の波及効果も大きく、ダメージも甚大です。が、大企業が危機に立つと多くの金融機関が「潰すまい」と支援を始めますから、ファンドにとって

は「安心な投資先」なのです。

でも、私はこの「大企業中心」の発想にこそリスクを感じます。

たとえば多くのファンドが、絶対的に安全な、大きな会社ばかりに投資したとします。トヨタや日産など、日本には世界に誇る大企業が多くありますから、投資先の選定に大きな苦労はないでしょう。

しかし、**お金が大企業に集中するということは、中小企業には回りづらくなることを意味します。**ましてや儲かりづらいソーシャルベンチャー（社会的課題を解決することを目指して立ち上げられたベンチャー）には、もっと渡らなくなるでしょう。これでは「いい社会」が生まれるまでに時間がかかってしまいます。

「結い2101」は、規模が小さい会社にも投資をします。先の未来工業も、投資先の1つです。

非上場企業にも投資をします。上場していないため、会社が発行する社債に投資します。1社あたりの投資金額は、5000万円から1億円程度になることが多いです。

なぜ、一般的にはリスクが高いとされる「小さな会社」や「非上場会社」に投資をするのか。それは彼らが社会に必要な存在だからです。

金融の世界では、常に高い成長が求められます。特に潰れるリスクが高い（と勝手に思われている）中小企業は、どんどん成長することを勧められます。そうしないと、金融機関のリターンが増えないからです。

でも私は、あえて小さい彼らに投資することで、「それでいい」と言ってあげたいのです。**小さいことはリスクではない。社会性のある事業をしていれば、社会における存在価値は十分にあるのです。**

ベンチャー企業のなかには、鎌倉投信が投資しているという情報をもとに、別の金融会社からお金を引っ張るケースもあります。いわば「結い２１０１」の投資実績が、与信となっていると言えます。それによって障碍者雇用が進んだり、林業が活性化したりするのなら、鎌倉投信は一向にかまいません。小さい会社でも資金調達で困らないようにすることが、私たちのミッションでもあります。

リスク回避のための3つの方法

私たちは一般的に「リスクが高い」とされるベンチャーにも投資しますが、それをリスクとは思っていません。一般の金融機関とは、リスクの捉え方が違うからです。

一方で、「結い2101」にしかないリスクもあります。

たとえば、投資家の皆さんから「応援する気持ち」がなくなること。お金のリターンだけに目が行き、「とにかく儲かればいい」という気持ちになってしまう。これも、絶対に避けねばならないリスクです。

なぜなら、投資家みながそう考えてしまうと、ベンチャーや一度失敗した会社にはお金が行き渡らなくなるからです。そうなっては、いい会社がこの世からなくなってしまうかもしれません。

私たちは、3つの方法でリスクを軽減しています。

1つは、**「予測をしない」**ということです。

前出の通り、私は予測をしません。「A社の株が上がるかも」と予測したところで、外れることはままあるからです。

この予測をやめたことは、リスク軽減にも役立っています。たとえばA社の業績が上がると思えば、たくさんの株を買いたくなる。もしくは「来期は上がるから、いまは売るのをやめよう」と考える。つまり企業を応援するよりも、株の上がり下がりに注目してしまい、投機的な視点が生まれるのです。私が予測をしないのは、そのリスクを軽減したい、という考えもあります。

2つめの方法もシンプルです。投資先には、**お金は出すけれど経営方針に口は出さない**、ということです。

ベンチャーキャピタルのなかには、お金だけでなく、たとえば役員などの人材も派遣し、ベンチャーの成長に積極関与するところもあります。でも、お金も出して口も出したら、その助言には強制力が発生してしまいます。「こうしたらどうか」というアドバイスが、従わなければならない命令となりかねません。心から相手を思っていても、そこには「応援の姿勢」より「強制力」が働いてしまうのです。

だから私たちは、投資先と受益者の「出会える場」は提供するものの、口出しはしません。外から支える「サポーター」に近いかもしれません。

そして3つめの方法は、**投資先を「見える化」すること。**

これが極めて大切で、私は、リスクの多くは「知る」ことで軽減できると考えます。たとえば、学生にとって就職活動は大きなリスクを孕《はら》んでいます。企業の実態が見えないのに、1社を選ばねばならないからです。だから評判の高い大企業に入ることで、リスクをヘッジしようとします。

こうした理由から、鎌倉投信は、投資先を「知る」機会を提供しています。その1つが、年に1回行われている「受益者総会」です。「結い2101」の運用報告に加え、その運用報告の一環として投資先を紹介する場としても使っています。投資先の社長や社員に登壇していただき、事業内容や風土などを伝えてもらいます。

リスクは「まごころ」で越えられる

投資先を「知らない」と不信感が生まれますが、「知っている」とまごころが生まれ、応援しようと考えます。

それを象徴する出来事こそ、第1章でご紹介した、2013年の受益者総会でのひと幕でした。

「先月、やっと黒字化しました！」

投資して以降ずっと赤字が続いていた林業再生を行う「トビムシ」。その主たる子会社の牧大介社長が、開口一番そう発表したとき、会場は拍手喝采に包まれました。

一般の投資家なら「やっと黒字化」という言葉に不安を増幅させるでしょう。しかし、「結い2101」の受益者は、これまでのトビムシの苦労を知っていましたから、黒字化のニュースに一気に会場が沸いたのです。

思い描く社会を受益者と共有することも、リスクヘッジの方法です。「結い２１０１」は、投資家が「結い２１０１」にお金を託し、「結い２１０１」が投資先にお金を託すことで成り立ちます。つまり「結い２１０１」の世界観が投資家に伝わっていないと、「鎌倉投信や新井は大丈夫なのか?」「その投資先は信用できるのか?」といった疑いが生まれるのです。

リスクを越えるのは、投資先への想いであり、まごころです。そして金融はまごころの循環です。

まごころがなければ「疑い」を生みますが、まごころがあれば「共感」が生まれる。まごころがあってはじめて、人はリスクを越えられるのだと思います。

第4章

「安く買って高く売る」に必要なのは金融工学ではなく「信頼」

――「投資」を再定義する

なぜお金は「冷たい」と思われるのか

安いときに買い、高いときに売る。 運用の世界で利益を出すには、この方法しかありません。

しかし、この言葉ほど誤解されているものも、この世にはあまりないでしょう。この章では、投資で成功するための唯一の道である「安く買って高く売る」の本当の意味と、どうすればそれを実践できるのかを、ご紹介しましょう。

ＢＧＩを辞めるとき、私は2か月かけて会社のほとんどの部門の社員に対し、勉強会を行いました。お世話になった会社に恩返しをするため、ＢＧＩの投資哲学の素晴らしさを伝えようと考えたのです。

当時、ＢＧＩは会社の事業統合に伴うリストラを控えており、現場は戦々恐々となっていて、求心力が低下していた状況を去る前に何とかしたかった、という気持ちもありました。

そのとき、1人の女性社員から気になることを言われました。

BGIの投資方針に**「長期運用」**があります。お客さまの資産を長くお預かりし、安定した運用を目指すというものです。でも、その女性はこう言うのです。

「新井さん、年金の運用で長期投資が大切なのはわかりました。でもそれなら、何で毎日売ったり買ったりするんですか？　長期的に投資すれば利益が出ると言っているのに」

安いときに買い、高いときに売る。長期運用を心がけるBGIであっても、お預かりした資産を増やすには、それしか方法がありません。それを繰り返すことで、利益を出しています。

このとき私は、理論的には説明したものの、

「そうだよな、一般の人には理解できないよな」

と心でつぶやきました。そんな理屈、一般の人には理解できないのです。だからお金や金融は「怖い」「冷たい」と思われてしまう。金融商品とは、人に理解してもらえないと意味がないのだとわかりました。このとき言われた言葉は、その後私を長い

間悩ませつづけることになりましたが、一方でこの言葉こそが、いまの鎌倉投信の運用手法のヒントにもなりました。

「結い２１０１」の運用では、投資先の基本的な経営方針等が変わらない限り、短期的な業績が悪かろうとずっと保有するようにしています。

サブプライムは、「分断」して利益をあげる商品

安く買って高く売るしか金融資産を増やす方法はない。しかし、それだと「長期運用」の哲学を全うできない。このジレンマが心の中で引っかかっていた２００８年、リーマン・ショックが起こります。

それは、私たちのチームが８年かけて積み上げてきたものを一瞬でふっ飛ばしました。自分が素晴らしいと思っていた「投資は科学」という信念は脆くも崩れ去り、この世に信じられるものなど何ひとつない、と思い悩みました。

世界最高峰と言われた、ＢＧＩの投資哲学も手法も、通用しなかったのはなぜでしょう。

突き詰めていくと、それは、金融業界と金融商品すべてに共通する、１つの問題に行き着きます。

それは、「分断」です。投資手法の高度化、効率化、そしてリスク分散などを理由に、あらゆるものを細かく切り分け、それぞれの関係性を見えなくしてしまうのです。

「サブプライムローン」は、その典型例でしょう。

ご存じの通り、その名で知られた商品は、さまざまな債権を細かく、運用者がわからないレベルにまで切り刻み、混ぜあわせてつくられていました。まるで顔の見えない、「のっぺらぼう」のような商品だったわけです。その「のっぺらぼう」を元手に取引をしていたにもかかわらず、数式を頼りに問題ないと言っていたのですから、いま思うとサブプライムローンは破綻して当然です。

サブプライムローンというリーマン・ショックの「主犯」は、たしかにそれ自体に問題がありましたが、この「分断」の思想は、未だに金融のすべてに広がっています。

それは、「ＢＧＩ時代の私」と「鎌倉投信で運用するいまの私」の一番の違いに如実に表れています。

いま、私は投資先の企業とも、投資家（受益者）のお客さまとも、頻繁に会います。日本中を訪ね歩き、顔を合わせ、時に数時間も語りあいます。しかし、あの頃の私は、ただの一度も自分が投資した企業を訪問したこともなかったし、お客さまと語らったこともありませんでした。お預かりした資産を守り、増やす。その想いは変わらないものの、お金を循環する役目を担いながら、お金の出し手とも、お金の受け手とも、分断されていたのです。

これは、金融業界では当たり前のことです。頻繁に売買を繰り返す、すなわち明日その企業の株式を持っているかどうかわからないのに、企業にわざわざ出向くなんて非効率なことをするでしょうか。明日には解約されるかもわからないお客さまと、定期的に会話を交わすことなどあるでしょうか。

そうです。金融というものは、あらゆる関係性を分断することで、いえ、分断すればするほど効率が上がります。そして、サブプライムローンとはその最たるものだったのです。しかしその弊害として、本当はお互いに顔が見える距離にいるはずなのに、それを見えなくしてしまいます。

リーマン・ショックで破綻したのは、「見えない関係性」を前提とした金融だったのです。

どんな数式も、感情の呪縛からは逃れられない

見えない関係性をもとにした金融には、「信頼」が生まれません。

これこそが、あれほど素晴らしい投資哲学と最新の手法を持っていたBGIにはなかったものでした。

どんなに合理的な投資家も――もちろん、プロの運用者であるファンドマネージャーも――、株価が下がれば不安になります。もし、昨日に比べて株価が半額になったなら、本当は目当ての株を割安で買えるはずです。しかし、みんなアタマではわかっていながら、さらなる値下がりを恐れます。また、下がったのに売らないことを、投資

家に合理的に説明することも困難です。

不安という感情に押し流され、すぐにでもいまあるぶんの利益を確定したくなる。それを理性で押しとどめ、本当に行うべきタイミングで売買を行うために、ＢＧＩでは数式でモデルを組み立てていました。人間の情緒を排すことで、不安に打ち勝とう、という発想です。

なぜ、このアプローチはリーマン・ショック時にうまく働かなかったのでしょう。

私がたどり着いた答えは、「安く買って高く売る」を理解しそこなっていたということでした。

この言葉は、ただ安いときに買い、高くなったら売る、という文字通りのことを意味していません。自分で判断しようとする限り、価格や指標といった「誰かのモノサシ」に頼らざるを得ません。そのようなモノサシは、リーマン・ショックのような大きな出来事によってたやすく揺らぎます。**どれほど信頼できるモノサシであっても、一度揺らげば、襲ってくるのは不安だけです。**

これが、市場全体が恐慌をきたしたときにＢＧＩも大きな損失を被った理由なのではないか。いまはそう思っています。

たとえ半値になっても持ちつづけられるか

それでは、「安く買って高く売る」の正しい理解とは何なのでしょうか。そのカギは、「信頼」です。

結論を言ってしまうと、信頼しているから、半額になっても持ちつづけることができます。言い換えると、**「たとえ下がっても、その銘柄を信じて持ちつづける覚悟があるから、儲かる」**のです。

私が、この信頼をベースにした投資こそが自分が求めていたものだとわかったのは、自ら運用する「結い2101」で、投資家であるお客さまに教わった経験からでした。

2011年3月11日。筆舌に尽くしがたい被害をもたらした東日本大震災は、人的被害だけではなく、経済にも打撃を与えました。多くの企業の株価が、不安に流されて下落。運用開始から1年を迎えた「結い２１０１」も当然、この波にのまれるかに思われました。

しかし、「結い２１０１」の基準価額は、大きく下がりませんでした。これは、他の企業より投資先企業の成長が落ちなかったからです。

そして、資金流出が流入を上回ることもありませんでした。

いい会社を応援することが目的のお客さまは、多少下がっても簡単に解約しません。むしろ、安くなったときこそ買いだと言わんばかりに、新規や既存のお客さまからたくさんの購入お申し込みをいただきました。

このような非常識がまかり通った背景にあるものこそ、顔の見える関係で育まれた信頼でした。ある人は「お前らが応援している企業なら安心だ」と私たちを信頼し、またある人は、「結い２１０１」が投資する企業のファンになって信頼しています。

そうした「ファン投資家」は、少しでも「結い２１０１」の価格が下がると「割安だ」と感じ、買い増ししたりします。こうして投資先企業とファン投資家が「結い２１０１」を通してつながり、信頼関係を育み、「顔の見える関係」となった結果、「結い２１０１」は、しなやかな投資信託として成長していったのです。

こうした関係性を株主と築いている企業も存在します。トマト加工食品の最大手、カゴメは、20万人超の個人株主を抱え、しかも発行済株式総数の約7割が個人株主です。彼らは、個人投資家を「ファン株主」と呼んで積極的にコミュニケーションしています。

そして、カゴメの株式は、「万年割高」です。このようなずっと高止まりする**「万年割高」の金融商品は、実は経済学の理論に反しています。**なぜなら、価格差を利用して利益をあげる「裁定取引」が働かないことを意味しているからです。ＢＧＩ時代の私は、この経済学に反する現象を説明できなかったでしょう。

人は、目に見える関係しか信じられません。だから、関係性を分断して見えなくしてしまう金融は、「うさん臭い」と思われてしまうのです。

そして、投資の鉄則である「安く買って高く売る」ことは、見える関係から生まれる信頼があってはじめて、可能になります。だから、私は投資信託の運用者でありながら、日本全国を飛び回り、人と人とをつなぐことに心血を注いでいます。そのつながりで育まれた信頼が、投資先のいい会社を支え、お客さまの資産を守るための投資を実現させているのです。

複雑な数式モデルではなく、「信頼」こそが、「安く買う」投資の真髄なのです。

「主観」が共感を呼び、信頼を生む

このような経験から、私は投資先を「主観」で選びはじめました。すると1つ、面白いことがわかりました。人は客観性が強くなればなるほど「冷める」、ということです。

受益者総会での出来事です。

「投資先を社会性で選定する基準を教えてください」

ある方から、こんな質問をいただきました。

当時の私には、まだ明確に「投資先は主観で選んでいい」と自信を持てるほどの割り切りはありませんでした。だから「自分のなかでは『これ』というものが見つかっていない」とお答えしたところ、後で別のお客さまからこう返されました。

「新井さんにお金を託したんだから、『私が決めた』って言い切ってほしかった」

鎌倉投信の「結い２１０１」に集まる投資家は、一般の投資家と違い、「信じられるものを見つけた」と思って投資してくれているということが、このときはっきりとわかったのでした。これこそが、目に見える関係性だと。

私は手探りながらも、自分なりの「いい会社」を探していました。そして、いつのまにかその私の「目線」に共感し、信頼してくれるお客さまが集まっていた。私の「主観」が、投資家の「共感」を生んだのではないか、と気づきました。

マンガには没入できるけど、教科書だと眠くなる。それと同じで、客観的な指標で選んだ会社には「納得」はできても「共感」は呼べない。金融が冷たいと感じるのは、そのせいではないでしょうか。

よく考えたら、人と人とのつながりは「主観」から生まれます。結婚相手も「この人が好き」と主観で決めるように、つながりは主観から生まれる。公共機関のファンドはともかく、「結い２１０１」のような民間の投資信託であれば、投資先も「主観ベース」で選んでよかったのです。

投資は科学、ではなく、投資はまごころ。大切なのは投資先や投資家の「温度」ですが、それを高めるのに必要なのは主観だった。

極端に言うと、お客さまから、

「新井が間違えたのならしょうがない」

と言ってもらえるくらいの信頼関係をつくらねばならない、ということだったのです。

1番を探すのをやめる ――競争から共創へ

主観は、もう１つ大切なことを教えてくれました。

日本には、何でも1番を選びたがる傾向があります。「○○業界で1位」や、「△△の世界でナンバーワン」などといったフレーズは、皆さんも至る所で目にしていることでしょう。

数多《あまた》ある企業から1番を選ぶために必要となるのは、客観的な基準であり、効率的な探し方です。ところが、ここから生まれるものは、画一的な基準のなかでナンバーワンを奪い合う「競争」でしかありません。絶対に正しい基準などなく、それゆえにどんな基準で見ても1番ということはありえないにもかかわらず、競いあってしまうのです。

そして競争は、オンリーワンの否定につながります。しかも、そうした「冷たい」基準から信頼が生まれることはありません。

主観で選ぶ、ということは、実は「1番を探すのをやめる」ことを意味しています。誰かが決めた基準ではなく、自分が信頼できるものを自分で選び、確かなつながりをつくっていくこと。この信頼の「輪」から生まれるのは、競争ではなく「共創」です。

だからこそ、1番を探すのをやめ、オンリーワンといえる会社に投資している「結い2101」が、結果的に「R&Iファンド大賞2013」投資信託・国内株式部門で1位をいただけたことには、大きな意味があると考えています。それは、私たち鎌倉投信のやり方が肯定されただけではなく、人と違っていてもいいんだ、というメッセージを発することができたからです。

投資先企業を自らの主観で選び、そして投資家に自分が感じたことを伝えて、つながりをつくっていく。それにより、私は競争から自由になれた——そう言えるのかもしれません。

前職の先輩に泣いて土下座

もちろん、私たち鎌倉投信も、最初からうまく信頼の循環をつくれたわけではありません。

最も辛かったのは、私の財産が尽きたときです。鎌倉投信を立ち上げて4年ほど経ったときのことです。

第1章でもお伝えした通り、私たちの収入は「信託報酬」だけです。それも資産の1%ですから、お預かりするお金が少ないと会社の運営費用も出ません。

立ち上げからしばらくして、とうとう限界が訪れました。家族を守るためには、鎌倉投信で仕事を続けることはできない。でも、鎌倉投信の枠組みも、同時に社会に残さねばならないという想いの間で板挟みになったのです。

悩んだ結果、前職の先輩を訪ねて、

「私の代わりに、鎌倉投信の運用責任者をやってくれませんか」

とお願いしました。運用担当を先輩に代わってもらって、私は外資系の運用会社に戻ろう、そこで稼いだお金を、鎌倉投信に入れよう――そう考えたのです。

先輩に土下座して、泣きながら懇願しましたが、あっさりと断られてしまいます。

「お前の会社だろう。それは、自分には引き受けられない」

と。「お前ならできるだろう」という叱咤だったといまは思っていますが、当時の私は「もう無理だ」と思いました。

とはいえ、お金を集める方法はありました。最も簡単なのは、前職の顧客（年金基金など）に鎌倉投信のお客さまになってもらえばいい。大口投資が入れば、鎌倉投信の報酬も増えます。

でも「いい会社をふやそう」とする価値観は、彼らには伝わらないかもしれません。「顔の見える関係」より、リターンを求めるかもしれません。

私たち鎌倉投信の哲学は「投資はまごころ」です。それを束ねた金融は「まごころの循環」のはずです。

私たちが信念を曲げたとき、信頼も共感も失い、まごころは一気に循環しなくなります。だから私たちは、前職の取引先には頼らないと決めました。最終的に、この危機は他の役員たちの協力で乗り越えました。

個人資産をもすべて開示する
――ファンドに魂を

私は、自分の資産を公開しています。持っている金融商品は「結い２１０１」だけで、本書の執筆時の評価額は３１０万円。これが私の全財産です。他の金融資産は、鎌倉投信の創業時に使ってしまいました。

アメリカでは、ファンドマネージャーの資産公開が義務づけられています。でも日本では開示が義務づけられていません。だから私の行為は、日本では極めて非常識です。

なぜ日本では公開されないのでしょうか。それは**多くのファンドマネージャーが、自分が運用するファンドを買っていない**からです。

一般に投資信託は、販売会社の意向を踏まえて組成されます。だからファンドマネージャーの想いや魂が入りづらく、自分のファンドを買わないマネージャーも多くいます。資産公開が義務づけられると「骨抜きのファンド」であることがバレて困る人もいるのです。

ある専門家の方が、当局にファンドマネージャーの資産公開を提案したところ、「個人情報だから開示できない」と言われたとか……。個人情報という単語を間違って捉えているように思います。

私は「結い2101」に覚悟と誇りを持っていますので、当然お金を投じていますし、資産も公開しています。とても普通のことだと思うのですが、これが非常識になる業界には少し残念な気持ちもあります。

ちなみに、1つだけ補足しておきます。私は金融資産全額を「結い2101」に投じていますが、こんな投資は皆さんにはオススメしません。

投資の基本は分散投資。なかには、「新井さんが投資しているのであれば」と全額投じる方もいらっしゃいますが、オススメしません。私が全額を「結い2101」に投じるのは、あくまでその覚悟をお客さまに示すため。皆さんは、分散投資を守ってください。

金融は「つなげる」のが役割です。いい会社といい投資家をつなげられたとき、社会からも評価され、信頼を生み出せるはず。もし鎌倉投信が潰れることがあるなら、それは私たちが大きな勘違いをしているか、時代が早すぎたのだと思っていました。

しかし、「新井さんにお金を託したんだから」という投資家の方々の声が、私たちの仮説を確信に変えてくれました。

先に記した通り、受益者総会には受益者の約1割が参加してくれました。受益者の数も、ずっと増えつづけています。

さまざまな支援を得て、鎌倉投信はやっと黒字化が見えてきました。創業から約7年、創業メンバーの中で「あと少しだから」と言いつづけてきました。少し長かったかもしれませんが、信頼の輪をつくり、投資の果実も手にすることができるようになりました。

第5章

「格付け」よりも大切な「8つの会社の見方」

――「経済指標」を再定義する

いい会社は「格付け」ではわからない

リーマン・ショック前後で、金融業界は多くのものを失いました。当時BGIを退職していた私も、積み上げてきたものがゼロになったと前職の仲間から聞き、大きなショックを受けました。

当時の金融業界は「格付け」を中心に動いていました。投資先を選ぶ際、格付けがよい会社は「投資したい会社」、格付けが悪い会社は「投資に値しない会社」と判断されました。

しかしこれでは、どの運用会社も同じ会社に投資することになります。裏を返せば、1つの運用会社が失敗すれば、他も同様に失敗することになります。リーマン・ショックは、格付け依存型のビジネスモデルが生んだ当然の帰結だったのです。

BGIでは、企業評価に「クオンツ運用」という手法を使っていました。企業を客観的・定量的に分析する方法で、企業の財務諸表があれば「投資に値する会社」かどうかがすぐにわかります。ですから私は、投資先に特段の思い入れも持っておらず（そうした感情を排すべく編み出されたので当然ですが）、ましてや投資先の社長に会ったこともありませんでした。

格付けに基づいて投資先を選定し、数式モデルを駆使して投資する。私たちはみなお金にレバレッジをかけて増やしているつもりでしたが、その結果は「何に投資しているかわからない」という本末転倒の事態。しかも、生み出したのはお金でも新しい価値でもなく、「バブル」でした。

格付けが生んだのはファンドマネージャーの「無責任化」

格付けの何が問題だったのか。

これは、第3章でお話しした、「倒産する会社になぜ投資するのか」と責められることと関わっています。

責められないためには、ファンドマネージャーはどうすればいいでしょう。それは、第三者機関から「倒産確率が低い」と認められているものにだけ投資すればいいのです。そうすれば、彼らが責められるリスクは減ります。

だから、ファンドマネージャーは、格付けが高くてリターンが高いものを選好するのです。自分は免責されて、リターンも高いとなれば、当たり前のことでしょう。

また、そのような「格付けが高くて、リターンも高い」商品の需要が高まることも当たり前で、結果、都合のいい商品がたくさんつくられました。格付けさえ高ければ何でもよかったのですから。

こうした構造が、皆さんお馴染《なじ》みのあのサブプライム問題を発生させたのです。

要は、ファンドマネージャーは、リスク管理に必要な信用判断を外部の第三者機関に移管してしまったのです。

だから、**第三者機関の評価への極度な依存というのは、実は運用会社の無責任化にほかなりません。**ファンドマネージャーは、格付け会社の評価を信用していますが、それは、従っていればリスク判断に関して免責されるという側面もあるからです。「あそこが評価しているので大丈夫です」と言っておけば、追及されることもありませんでした。

「私も被害者だ」

リーマン・ブラザーズの社長が、アメリカ議会の公聴会で追及されたときに口走ったこの言葉こそ、**金融の誰も責任を取っていない**ことの証でしょう。

しかも、緊急時――リーマン・ショックはもちろん、震災も――には、この格付け依存型の投資は役に立たなかったわけです。

私たちはリスクヘッジしているつもりでしたが、ただ形式上リスクを取っていなかっただけで、本当のリスクが危機のときに露呈したにすぎません。

鎌倉投信が見つけた「いい会社」14の視点

ＢＧＩは金融工学の最先端の会社でしたが、彼らが使う「数式モデル」ではなし得ないことがありました。それは「つながる」ことです。

人と人、企業と人、企業と企業……「つながり」は、さまざまなものを指します。たとえば当時の私には、投資先の社長や社員の方とのつながりはありませんでした。投資先とのつながりがなければ「心」は生まれない。鎌倉投信を立ち上げた際、投資先と向きあわねばならないと考えました。

でも、どんな経営者がいい経営者なのか、ましてやどんな会社がいい会社なのか、それまで投資先に出向いたことすらなかった私には、さっぱりわかりませんでした。勉強のため、坂本光司先生の著書『日本でいちばん大切にしたい会社』（あさ出版）を何度も開きました。

坂本先生は法政大学大学院の政策創造研究科教授を務める経営学者で、７０００社を超える中小企業を研究した実績があります。つまり、いい会社の共通要素を知っている方です。本にはたくさんの「いい会社」とその理由が紹介されており、内容に感銘を受けた私は、鎌田とともに坂本先生を訪問し、教えを乞うことにしました。実際、運用開始する前には、共同研究という形で、２人でゼミに参加しました。

　また、障碍者雇用に詳しい、慶應義塾大学の中島隆信《たかのぶ》教授を紹介され、中島先生を訪問すると、今度は障碍者を雇用する社長さんの集まりを紹介されました。そこで、障碍者を戦力とみなし、自社の競争力の源泉にしているような会社の社長に出会ったりするなどして、目を見開かされるとともに、知識を深めていきました。

　このような多くの専門家との出会い、そして地道な仕事によって、私は「いい会社」のポイントを40項目ほどにまとめました。経営者の資質、公共性、事業のわかりやすさなどなど。そこからさらに要素を抽出していったのが、鎌倉投信のホームページに掲載している14の「いい会社」の特徴のようなものです。

雇　人財の多様性
感　感動サービス
場　現場主義
創　市場創造
縁　地域を大切に

技 技術力
貫 オンリーワン
志 経営理念
W グローバルニッチ
炎 モチベーション
直 製販一貫体制
愛 社員を大切に
革 変化し続ける力
循 循環型社会創造

これら14の特徴は、**「人」「共生」「匠」**という3つの選定基準からブレイクダウンされたものです。

でもこれは、私が死んでも「結い2101」が続くよう「目安」としてまとめただけで、これで企業をスコア化しているわけではありません。格付けや指標で投資先を選び出した先にどういう世界が待っているかは、もう痛いほど知っているからです。

リーマン・ショックは、投資先の評価を「格付け」という外部機関に極端に委ねたことで生まれました。ですから、第三者への過度な依存はするべきではない。私たちは指標や第三者機関の判断ではなく、自分たちの主観で選ぶことにしました。

「外れ値」にいい会社がある

リッツ・カールトン・ホテルの元日本支社長、高野登《のぼる》さんに、おもてなしやホスピタリティについて学ばせていただいたことがあります。

そのとき、

「新井君、それはやっちゃだめだよ」

と、ピシャリと言われたことがあります。

当時私たちは、「いい会社」を定義したいと思っていました。そのなかで、ホスピタリティという目に見えないものを経営の核にする高野さんに教えを乞うたのです。

でも高野さんは、

「ホスピタリティを標準化するとただのサービスになる」

と、おっしゃいました。

もう少し、説明します。

ホスピタリティとは「一期一会《いちごいちえ》」なのだそうです。1人のお客さまと出会い、その人を知り、その人のために何かしようと思うからお客さまは感動する。つまり「1対1」の関係から生まれるものであって、「標準化」した途端に、お客さまにとって当たり前の「サービス」になる。価値が一気になくなると言います。

会社も同じです。会社は百社百様で、それぞれに役割があり、事業や方向性に「違い」があります。つまり、「いい会社」を定義することには意味がないのです。

どれが一番よい経営かは、わかりません。低価格戦略のお店もあれば、高級路線もある。経営者やその方針には個性があるからです。

だから会社のよさを見るためには、1社1社を「個」で見なければなりません。でも個は計量化できないから、結局主観で見るのがよいのです。

これまでの私は、「日銀はどのタイミングで介入するのか」など、すべてを数値と計算式で表そうとしました。多くのアナリストとファンドマネージャーが同じ研究をしてきました。でも実際は、そんなことはわからない。現実には計算式に織り込めないものが存在しているからです。

会社も同じで、統計学でいう**「外れ値」が、意外にいい会社だ**ということも少なくありません。

たとえばハーツユナイテッドグループという会社は、元フリーターの創業者たちが、ニートやひきこもりといった同じような境遇の若者を登録制で雇用し、発売前の製品の不具合を検出・報告する「デバッグサービス」などを行っています。ニートやひきこもりという社会問題に着目し、彼らをきちんと雇用している。とても「いい会社」です。

「バグ探しだけの会社」も「ニートを雇用する会社」も、おそらく企業経営の王道からは「外れ値」にあたるでしょう。

それでも、私がこの企業に惹《ひ》かれたのは、何も難しい社会課題に挑戦しているからではありません。デバッグ作業はとても根気がいる仕事なのですが、フリーターのなかにはＩＴに強く、並はずれた集中力の持ち主がいるのだそうです。さらに経営者たちも元フリーターなので、社員の気持ちや強みを理解する能力がある。彼らは自分のエゴではなく、まごころでこの事業をやっていることがわかりました。

外れ値に「いい会社」があるのであれば、やはり客観的な指標ではなく、主観でないと「いい会社」は見つからない。数式を信奉してきた私にとって、これに気づけたことはとても大きな収穫でした。

短期的な財務諸表はあてにしない

格付けとともに、私があてにしていないものに、「短期的な財務諸表」があります。お客さまから大事なお金を預かっているのに、運用する人間が投資先の財務諸表をきちんと精査していないなんて、と思われるかもしれません。もちろん財務諸表はちゃんと見ています。ただ、あてにしていないというだけです。

これにも理由があります。

「結い2101」は、一度投資したら簡単に全売却しません。ですから投資先には、市場環境が変わっても事業を継続できる力を求めます。

企業は、環境が厳しくなると価格競争に走りがちです。そしてその競争に巻き込まれると、簡単には抜け出せません。でも、エゴではなく「まごころ」でやっていたら、企業は形を変えながらも持続しようとします。だから、会社を見るときには経営者や社員の方の心を見るのが重要なのです。

その意味でハーツユナイテッドグループは、経営者たちに「デバッグサービスをやる必然性」があり、加えて技術力とそれを担保する社員も備わっています。さらに経営者が「まごころ」をもって事業を行っているため、利益はあとからついてくると信じることができました。

何度も申し上げますが、私は投資先を選ぶとき、短期的な財務諸表の数字はあてにしません。**経営者に「まごころ」があるかどうかは、財務諸表には載っていないからです。**

次からは、格付けも短期的な財務諸表もあてにしていない私が会社をどう見て、いい会社を見つけているのか、いわば「会社の見方」を説明しましょう。先ほどの14の特徴が、いい会社とは何なのかをできるだけわかりやすく伝えようとするものならば、これからお話しする「見方」は、私の主観が存分に入り混じった個人的なもの（もう少し生々しい見方）だと言えるでしょう。

いい会社の見つけ方① 企業の「素の姿」を見る

私はいま、投資したい「いい会社」を主観で選んでいます。業績や指標ではなく、各企業の「個」のよさを見つけることが仕事です。「結い２１０１」の運用を始めて５年、いい会社を見つけるための会社の見方にも工夫を凝らすようになりました。いくつかご紹介します。

格付けを信用しないぶん、私は企業の「素」の姿を見て判断します。企業や経営者は自社をよく見せようと「お化粧」しがちなので、あえて、警戒心のない場に行きます。

先のイケウチオーガニックがいい例です。「タオル折り紙教室」という小学生向けのワークショップに、まずは参加する。そこで、経営者の人柄を見る。タオルの歴史などをお話しくださる池内社長や、お手伝いされている社員の方々の様子から、会社の空気を読み取ります。小さい会社ほど、社風や働いている人の姿勢など、目に見えないものを重視します。

名刺交換をするのは、そうした姿勢を見てからです。小学生に1人で交じるオジサン(私です)を不思議に思っていた池内社長は、「鎌倉投信」と書かれた名刺を見て、「そういうことかいな」と言いました。

経営者にも直接話を伺います。確認するのは、社長のポリシーやビジョンが「本物」かどうか。社長や会社の本気度を確認します。イケウチオーガニックはテーマに「環境」を掲げていたため、それがどこまで本気かを確認しました。

それを判断した根拠こそ、社長が1年間でペットボトルを5本程度しか飲まないということ（国際線の飛行機でエコノミークラス症候群を防ぐための5本です）や、初代プリウスを買って以降、ずっとそれに乗りつづけていることなのです。こうしたお話から、彼らがつくるタオルは池内社長の生きざまを商品化したものなんだ、と実感して、それが信頼へと変わっていくのです。

そして和気あいあいとした社員の方も、この変わったオジサン（こちらは社長です！）に共感して集まってきたのだろうとわかり、投資することを決意しました。

ほかにも、第6章で紹介する日本環境設計というリサイクルベンチャーには、**あえて社長がいないとわかっている時間を選んで出向いたりしたこともあります**。これも、企業の素の姿を見るための行動です。働いている人が会社をどう思っているのかを聞くのには、非常に有効な方法です。

いい会社の見つけ方②

多様性のマネジメント
──「ばらつき」を許容できるか

新卒採用の時期、大企業にはたくさんの応募があります。万単位の応募がある会社もあるでしょう。そのなかから合理的に人を選ぼうとすると、あらかじめ質問などを決め、一定の基準を満たした人を通す形にならざるを得ません。

しかし、これでは効率的な人選はできても、人財（人材）の多様性は排除されます。基準から外れる人を選んだ面接官が怒られる、などということもあるかもしれません。

私は組織を見る際、**多様性をマネジメントできる組織か**、に注目しています。言い換えると、人財は多様であるという考えをその会社が持っているかどうか、です。

高度成長期には右肩上がりの成長が見えていましたから、均質な人財でも大量にいればよかった。でもモノやサービスが飽和している現代では、「異質なもの」が求められている。人財が均質であっては勝ち抜けません。

組織に必要なのは、多様性をマネジメントする力です。1人1人にどんな個性があるかを見極め、その個性が自らの会社でどう生きるかを想像する。その最たるものが、障碍者雇用です。

「エフピコ」という広島県に本拠地がある食品トレー容器製造の会社は、障碍者雇用率がなんと16％（『CSR企業総覧』東洋経済新報社、２０１４年 より）にもなり、グループ全体で４００人近い知的障碍者を雇っています。

彼らは自社でトレーを製造・販売するとともに、回収したトレーをリサイクルして「エコトレー」として再び販売しているのですが、その工程の多くで障碍者が「戦力」であると言います。実際に工場を見学しても、どの人が健常者でどの人が障碍者なのか、まったくわかりません。

エフピコは、障碍を持つ人がどのように活躍できるのかを想像し、それをビジネスにおける価値の源泉に変えていくことができるのです。

知性、身体、メンタル……人には「ばらつき」があります。もしかしたら、配属になった部署は合わないかもしれない。でもそのとき、「この人は使えない」と思うのか、

「どの場所なら活躍できる」と考えるのか。後者の思想がないと、これから会社を伸ばすのは難しいと思っています。

いい会社の見つけ方③

技術よりも「アウトプット」を評価する

ビジネスで大事なのは、実は「技術力」ではなく、「アウトプット力」です。**いくらすごい技術を持っていようが、それが形にならなければ意味がありません。**新商品がいくつ生まれたか、生産現場をどのくらい革新・改善したかなどの「アウトプット」が問われます。

だから私は、**技術力は評価しません。**たくさん出せるかどうか、企業が持つアウトプット力を見ます。これは「予測しない」という私の姿勢ともリンクしています。

会社訪問すると、よく「技術力の高さ」や「需要があるから売れると思っています」といったことを言われます。しかし、私は技術の専門家でもないし、マーケットニーズについても、その会社の人ほどの知識を持ちあわせてはいません。だから私は、ここでも「わかりません」と言うしかないのです。

代わりに、「年間何個新製品をつくれるんですか？」「開発の方は何人くらいいるんですか？」といったことを聞きます。要は、たくさん出せれば、どれかは当たるという考え方です。予測を捨てた私にとっては、よほど信頼性のある情報といえます。

このたくさん出す力を、言い換えてアウトプット力と呼んでいます。

一番の典型例は、未来工業です。一見コアな技術は持っておらず、つくる製品もスイッチボックスなど、さほど大きな利益が出る商品ではありません。

しかし、彼らはアウトプット力で勝負しています。しかも、並大抵のアウトプット力ではありません。**特筆すべきは、意匠登録の件数でずっと日本のトップ20に入っていること。**７００人くらいしかいない中小企業が、ソニーとほとんど変わらないアウトプット力を持っているのです。

こうやって見ると、未来工業を見る目が変わってきませんか？

先ほどご紹介したハーツユナイテッドグループもまた、尋常ならざるアウトプット力を持つ会社です。

バグ取りはそこまですごい技術ではないのですが、彼らのすごいところは、やはり「数」。圧倒的な量の「数出し」ができるのです。彼らは、「オタク」と言われている人たちのノウハウを集めていて、**数十万件ものバグのパターンをデータベース化しているの**です。これこそ、私が投資を決めた大きな理由です。

さて、ここで1つ質問です。

あるところに続々と新商品を開発する会社と、技術力はあるのに、アウトプット力が低い会社があったとします。前者の会社では、開発過程でたくさんのハプニングはあるものの、新しいアイデアがどんどん生まれ、商品として次々と形を成していく。いったい、なぜこうした違いが出るのでしょうか。

こうしたアウトプット力を生むものこそ「社員」にほかなりません。私は必ず、経営者に人財育成についての考えを聞きます。

エー・ピーカンパニーという会社をご存じですか。彼らは日本全国177店舗（2015年2月現在）でさまざまな業態の居酒屋を運営していますが、実は就職市場でも有名な会社です。同社が運営する居酒屋でアルバイトした人なら安心して採用できる、と言われるくらい、人財育成がしっかりしています。

企業の人事をも唸《うな》らせる人財を育てるには、「粘り」が必要です。それも、すぐに入れ替わるアルバイトが対象とあっては、相当の粘りがなければなりません。私は人財育成を担当する大久保伸隆《のぶたか》常務（現在は副社長）にお会いして5分で「スゴイ！」と思ってしまいました。

寒天食品をつくっている伊那食品工業も同じです。ある社員が、親の介護のために退職し、実家の近くにある会社に再就職をしようとしたら、「伊那食品にいた方なら安心」とすぐに採用されたそうです。

ファンドマネージャーの多くは、企業の強みを、商品の認知度や特許の数などで測ります。でも会社が何かをアウトプットしようとしたとき、原動力になるのは人です。商品や特許を生むのも、もちろん人。私にとって「この会社は大丈夫」と確信できる材料は「アウトプット力」、つまり「人」にあります。

先のリッツ・カールトンも同じです。ホスピタリティは計算して生めるものではないため、高野さんは「ホスピタリティを生める人財」を育てていたと思います。

このアウトプット力を確認するには、結局、自ら経営者を訪ね、ヒアリングするしか方法はありません。決算報告書にも書いてありませんし、「社員を大事にするのは当たり前」と考えている経営者は、そんなことをわざわざ言いません。

各企業のヒアリングは面倒な作業ですが、自分たちが拾った情報は、説得力を持って周囲に語ることもできます。自分たちの言葉で企業を紹介できるという強みにもなるため、いまは日々企業を訪問しています。

いい会社の見つけ方④　「特許」は信じない

日本には製造業が多いです。そして特性上「特許」を申請しやすいせいか、自社の強みに「特許の数」を挙げる企業もあります。でも私は、それを信じません。もちろん特許を生むほどの努力は素晴らしく思いますが、特許そのものを「強み」とは思いません。

私は、特許をどう使うか、を重視します。たとえば特許を取得した途端、商品開発力が落ちる会社があります。そんなバカな、と思うかもしれませんが、お見事といえるほど落ちていきます。特許を取った技術はしばらく模倣されないため、甘えてしまうのです。私はこれを**「特許依存症」**と呼んでいます。

一方、トヨタは燃料電池自動車の特許の内容を公開しました。本来特許は、技術力を「守る」ものですが、彼らは公開することにしたのです。自分たちの技術を普及させ、業界を活性化させたうえで、自分たちは一歩先に進もうとします。彼らの行動には、「攻め」の姿勢もあり、また業界を思う気持ちも見られます。

特許を取ることが悪いことではなく、特許をどう使うかが問題。「しばらくはラクできる」と考えた途端、ラクをしたい社員が集まってくる。すると会社はどんどん弱体化する。だから特許は、一概に「強み」とは言い難いのです。

いい会社の見つけ方⑤　「ニッチ」を選ぶ
――マーケットを創造する力があるか

「結い２１０１」の投資先には、大きな市場で活躍するプレイヤーより、ニッチな市場で活躍する企業が多いです。一般に、ニッチ市場には競合が少なく、がんばればオンリーワンプレイヤーになれると言われています。

ただ、「結い２１０１」がニッチ企業に投資する理由は別のところにあります。

ニッチ市場を押さえた企業は、自らニッチ市場を狙ったわけではなく、自分たちでその市場をつくりあげていることが多い。つまり彼らには、**自ら市場創造をする力があるの**です。ですから、もし市場が飽和状態になっても、新たな市場をつくることができる。投資する側にとって、これほど安心な材料はありません。

ニッチ市場というと難しく感じる方もいるかもしれませんが、たとえば地域の特産品でも、しっかりとその強みを活かせれば、ニッチ市場を創造することは可能となります。

高知県に、「ニッポン高度紙工業」という製紙会社があります。「土佐和紙」をつくる技術を持っていますが、硬くて丈夫な土佐和紙が陰極と陽極をセパレートできる点に注目し、コンデンサ用のセパレータを商品化し、高いシェアを誇っています。さらに、現在は研究中ですが、燃料電池の部品にまで領域を広げようとしています。まさしく自らマーケットを創造し、グローバルニッチでトップを走っているのです。

また、彼らは土佐和紙を扱い、それをビジネスの核としている以上、商品の生産地は限られています。そしてどんな状況があっても、その地域（彼らの場合は高知県）から離れることができない。**「逃げない（逃げられない）」ことが、新たな成長戦略を生み出したのです。**

小さな場所で生き抜く力に、私は惹かれているのかもしれませんが、こうした企業こそ、地方創生の担い手になると思っています。

いい会社の見つけ方⑥　「現場力」がある

「結い２１０１」の投資先は、小さなベンチャー企業が多いです。そのなかで異例の企業規模を誇るのがヤマトホールディングスです。宅急便のクロネコヤマトを運営し、社員数は約20万人にも及びます。

ここまで大きな会社で、心底「いい会社」と思える会社は、実は少ないのです。それは、**組織が大きくなるほど、理念が浸透しづらくなる**からです。

でもヤマトは違います。「地域のために」を合言葉に、現場の社員１人１人が地域に寄り添っている。いわゆる「現場力」を感じます。

１例を挙げましょう。お歳暮などで賑わう年末年始、現場社員は休むことはできません。そこに現れるのが、「お休み」であるはずの本社スタッフです。現場を助けるため、ボランティアで営業所で働きます。イヤイヤ行っているのではなく、自主的に営業所を選んで向かいます。

本社スタッフも現場出身の方が多いため、応援もこなれたものです。彼らの現場主義は徹底していて、たとえば取材なども「現場の負担が増えるから」と、繁忙期は断っています。

彼らの強さの源泉は「現場力」ですが、もう少し踏み込むと「本社のあり方」なのかもしれません。私たちの選定基準に「スリムな本社機能」というものがありますが、まさに彼らはそれを体現しています。

ヤマトにとって本社は、あくまで「現場を支えるもの」。世の中には本社がふんぞり返っている会社もありますが、ヤマトの本社はとても小さい。海外の企業が訪問すると「本社はどこだ」となるほど、機能だけでなく物理的にも小さいのです。銀座の本社は「別棟」と見間違うほどです。

本社の職場は、昼間も真っ暗です。節電のため電気を消しているからです。見えるのはパソコンの灯《あか》りだけ。本社にお金を使う必要はないと考えています。

一方、現場は力に満ちています。彼らは震災のとき、現場の判断で配達を続けました。車両が入れない場所には、途中で車を降り、歩いて届けたりもしたそうです。「本社の指示待ち」にならなかったのは、理念の浸透、現場の実行力とともに、現場を最前線と捉えて「支援機能」に徹する本社のありかたにも理由があると思うのです。

さらに評価すべきは、問題が起きたときも現場主義を貫いていること。

20万人もいれば、現場では細かい問題が発生しますが、だからといって、本社が管理強化に走ることはない。問題が起きるたびにルールをつくり、管理型の組織に変わる会社もありますが、それだと震災のような惨事に見舞われたとき、現場は一歩も動けなくなります。

「結い2101」の投資先は、どの企業も現場を信じていますが、もし規模が拡大していってもヤマトのような「現場力」を持っていたらいいな、と思います。

いい会社の見つけ方⑦
「大量生産、大量消費」を目指さない

多くの会社が「大量生産・大量消費は終わった」と言います。これは、経済界にとっても既知の事実ですが、なぜか逆行する会社が多く見受けられます。

そのいい例が、海外進出です。「日本経済はもう成長しないから、海外に出よう」と考える。過去の日本で行われた大量生産・大量消費がもう一度起こると信じています。でも、そんな均質な発想が通じる国は、海外にもそう多くないのではないでしょうか。

必要なものを、必要な分だけ。その考え方が、現代を生き抜く商品やサービスを生むと思います。とはいえ、人財や設備面で大きな母体を持つ大企業を否定するものではありません。

たとえば「結い２１０１」の投資先のカゴメは、トマトジュースを生産しています。常時、日本全国に出荷していますから、その意味では「大量生産」をしています。

しかし、彼らが軸足を置くのは、効率化が通用しにくく、これからの日本で増やしていかなければならない農業という分野であり、そのビジネスの核となるのは、たとえばトマトの品種などの食にまつわる技術やノウハウなのです。必要とされるものを、自社の資源を使って、必要な分だけアウトプットする。それによって、日本の食と健康に貢献する。カゴメにはその姿勢があります。

先ほど私は「多様性を受け入れられる組織かどうか」を重視すると述べましたが、

おそらく多様性のない組織は、いまだに大量生産・大量消費を前提にしているのでしょう。でも、その時代はもう終わったのです。

いい会社の見つけ方⑧

100年後の子どもに残したいと思えるか

私たちは会社を応援する際、その会社の「成長」を願っています。その会社の商品やサービスを、もっと多くの人に使ってもらいたいと望みます。

私は投資先を選ぶ際、商品やサービスの品質もさることながら、「これ以上多くの人に使ってほしいと思うかどうか」という観点で見ています。企業は目標とする市場シェアや販売数を発表しますが、「会社がどのくらい売ろうとしているか」ではなく、「もっと成長してほしいと思うかどうか」

「この会社がつくる製品が、世の中にもっと広まってほしいと思えるかどうか」

で判断します。

目線は「子ども」に置きます。「結い2101」という名前に、次の世紀まで続くことを託したように、**100年後の子どもたちに、この企業の商品を残したいと思えるかどうか。**その商品をつくっている会社は、未来の子どもたちに勤めてもらいたい会社かどうか。それが重要です。

社会課題を解決する会社、というと、なんだか後ろ向きなイメージを持たれますが、そうではありません。

「こんな商品や会社が増えたら、みんなが幸せになるんだろうな」と思えるかどうか。最大のカギは会社や商品に対する共感性だと思います。

鎌倉投信がつくる「信頼の輪」が新たな格付けに

金融の機能の1つに「信用創造」と言われるものがあります。たとえば何かを担保にお金を借りてまた何かを購入し、それを元手にまたお金を借りたら、徐々にお金が膨らんでいく。その最たるものが「バブル」です。信用は、格付けなどの第三者機関に基づいて創造されていきました。

でも私は、リーマン・ショックによって、金融には「信頼関係」が必要だとわかりました。相手が信頼できるかを「第三者」に委ねるのではなく、直接の関係をもとに判断する。信頼の輪、いわゆる**「友達の輪」**が必要だったのです。

もちろん、これまでの金融にも評価すべき点はあります。たとえば銀行では、かつては多くの銀行員が融資先を直接訪問し、会社や経営者を調べて融資していました。でもこれだと、たとえば訪問先が遠いと簡単に会えなかったり、会う時間を要したりするため、レバレッジが効きません。レバレッジとは何かを「加速」させるためのものですが、急成長を促すために1軒1軒訪問していては、非効率だと考えられました。

銀行の「目利き」も効かなくなりました。たとえば国際機関「バーゼル銀行監督委員会」によると、担保をとっていない融資は不良債権（もしくは倒産リスクが高い）とみなされる可能性があります。つまり銀行の目利きを信用していないのです。金融業界はリスクを軽減するために「バーゼル」のような基準を取り入れたのかもしれないけれど、結果として銀行の能力を削《そ》いでしまった。そして格付けなど第三者機関に極度に依存する体質をつくってしまいました。

でもリーマン・ショックで、格付けに極端に依存してはダメだと教わりました。だからその代わりに、私たちは「直接的な関係」を重視したのです。レバレッジのもとは、「友達の輪」。自分の目で確かめ、信頼している人をまた信頼し、信頼している人の信頼している人を信頼し、投資先の取引先をまた信頼する。その信頼の輪によって、商品を維持しようと考えました。

第三者の評価をもとにレバレッジをかけるのではなく、自分の目で見て信頼をもとにレバレッジをかける。**目に見えないもので「信用創造」をするのではなく、目に見えるもので「信頼創造」をする金融**に変えたのです。

実態のないものにレバレッジをかけた結果、金融バブルははじけました。でも**信頼ははじけません。**崩れる可能性はあるかもしれないけれど、一歩一歩、積み上げる努力もできる。実態があるからです。

信頼をベースにすれば、新たな格付けを生むこともできます。

現在の格付けは、企業のランクが国債のランクを超えることがありません。たとえば日本の信用格付が下がったら、トヨタをはじめすべての日本企業の格付ランクは下がります。でも鎌倉投信が目利きをし、多くの投資家が「信頼」してくれたら、いい会社の信用は下がらないと思うのです。そしてこれが、いい会社にとっての「真の支え」だと思います。

ある投資先は、あるメガバンクから、

「鎌倉投信さん（のファンド）から（投資が）入っているんですね、よかったですね」と言われたそうです。「結い２１０１」が投資する会社は信用できる会社、という位置づけができつつある。鎌倉投信の目利きはある種「エモーショナル」なものですが、金融の世界で「新たなスタンダード」になる可能性もあるのです。

私は今後、「いい会社」たちに国債より低い金利でお金を出したい。それはつまり、安定していると言われる日本の国債よりも高いランクにあることを伝える、「新たな格付け」にほかなりません。

第6章

企業価値は、過去の成功ではなく「ずるい仕組み」を持っているかどうかで判断する

——「ビジネス」を再定義する

いい会社とは、「本業の拡大解釈」ができる会社

長野県に「伊那食品工業」という会社があります。寒天食品の製造販売を行う会社です。

彼らは地域貢献を「本業」だと言います。地域の方に働いてもらっているからです。定年退職後も働きつづけられる場所をつくったり、地元にこだわった寄付を行ったりしています。

また彼らは、毎日徹底的に社内清掃をします。掃除と業績との関係は、ロジックでは説明できません。でも彼らは、いつも好業績を残しています。

いい会社は、本業を拡大解釈できます。

従来、日本には「三方よし」という発想がありました。顧客よし、社会よし、企業（自社）よし。3者がよい関係になれば経営もうまくいく、という考えです。

注目すべきは、「三方」に、顧客と自社だけでなく「社会」も入っていること。従来の日本経営には、「事業を通じて社会貢献をする」という考えが盛り込まれていましたが、さまざまな経営手法を取り込むことで方向性がズレてしまった。「三方よし」が現代の形で再現されたのが、伊那食品工業であり、ソーシャルビジネスではないかと考えます。

本業を「狭く」捉える会社もあります。効率を追うためです。最小の労力で最大の利潤を得るには、本業を「ここからここまで」と狭く定義するほうがラクです。「我が社はメーカーです。製造効率を上げるため、深夜も工場を稼働させます。近隣住民の方には多少迷惑かもしれませんが、住民のケアは民間企業の仕事ではありません」

極論するとこんな考えに陥りがちですが、こうなると誰からも相手にされなくなります。

本業を広く捉えると、応援される会社になります。地域に感謝し、住民に感謝し、社会と自然に貢献する。平和な国にも感謝する。そんな会社に、人は共感します。

いい会社にはCSR部門がない？

本業ではなくCSR活動をやっていたらいいじゃないか、と言われることもあります。でも私は、本業で地域貢献することにこだわります。

製薬メーカー「ツムラ」を例にとります。「結い2101」の投資先の1社です。ツムラは、2009年夕張市に、「夕張ツムラ」という子会社をつくりました。ツムラ本体で進出する方法もあったかもしれませんが、夕張市が破綻したときに「自分たちには何ができるのか」と考えたそうです。

夕張ツムラは、自社で営む農場で栽培効率化の研究や種苗生産を行うだけではなく、北海道全域で展開する生薬を対象に、一次加工と生薬の保管を行っています。

夕張に別法人をつくることで、税金を納めることができます。つまり**本業を着々と進めるだけで、地域貢献ができるという仕組み**です。さらにツムラの役員や社員は、毎年夕張市に「ふるさと納税」を行っています。

「結い２１０１」が投資する「いい会社」には、ＣＳＲ部門がない会社もあります。本業で社会貢献をしているからです。一方、本業に社会貢献の観点が薄い会社ほど、ＣＳＲ部門を本業とは「別に」つくってしまうのではないでしょうか。

企業がよくやる「地域のゴミ拾い」「ボランティア」などのＣＳＲ活動は、本業と直接関係がないためコストが上乗せされてしまいます。その結果、本業が不振になると持続しづらくなります。

企業はゴーイングコンサーン（企業経営とは、将来にわたって無期限に事業を継続することを前提に置くべき、という考え方）であるべきです。だから私は、本業を通じて、継続的に社会貢献をしているかどうかにこだわります。

ＣＳＲからＣＳＶへ――鎌倉投信が目指すもの

そうした鎌倉投信の姿勢を表すのが、近年議論が盛んになってきた「ＣＳＶ

(Creating Shared Value：共通価値の創造)」です。

本書でも何度か述べている「企業が事業活動を通して経済性（利益の創出）と社会性（社会課題の解決）を両立すること」、このことがＣＳＶと呼ばれているようです。

企業がＣＳＶの姿勢を持っているかは、**すべてのステークホルダーとの共通価値を見出せる会社かどうか**、で判断します。

たとえば、社員の給与を「費用」と考えれば、会社は人件費が少ないほうがよい、となるでしょう。しかし、社員の給与を「収益の分配」と考えるのであれば、収益をあげた結果としての再分配ですので、増やしたほうがよい、と考えることができます。すべてのステークホルダーと、利益相反しない関係性をつくりあげる。そしてそれは、環境問題、地域社会との関係であっても同じです。搾取していれば、いつか枯渇しますが、育てていれば、ともに豊かになるのです。

運用会社である鎌倉投信がどのようにＣＳＶをとらえているのか、ベンチャーキャピタルとの比較で説明します。

少し難しい話になりますが、ベンチャーキャピタルはよく転換社債で投資をします。

転換社債とは株式に転換する権利がついた社債です。社債の金利で利益を取りつつ、上場したときにも転換した株で上場益を取ります。つまり彼らは、経済性を何よりも優先しています。

一方、私たちは、金銭的なリターンは、最低限の目標をクリアすればよいと考えます。もちろん、ゼロでは損になりますので、受益者には年5％の収益目標を謳っています。逆に言えば、5％を下回らなければOKです。

むしろ大切なのは、投資先が「社会性」を帯びることです。リターンの1つである「社会の形成」を得るには、彼らが社会に貢献し、社会が豊かになることが重要です。

政府や自治体に余裕がないぶん、社会づくりの一端は、企業に要請せざるをえません。そのために鎌倉投信は、社会づくりの一翼を担う「本物の会社」を探し、「結い2101」を通じて彼らに投資し、受益者には（1％の信託報酬を引いた）4％の利益をお戻しする。社会性を実現するために経済性を犠牲にするというトレードオフの関係ではなく、社会性と経済性を両立させる「CSV」の構造をつくることが目標です。

それではCSRとCSVはどう違うのでしょう。CSRは「企業の社会的責任」と訳されます。「社会性を帯びていない」会社ほど、社会貢献を求められたときに真っ先にやるのが「CSR活動」です。

その一例が、先ほどの地域のゴミ拾いをしましょう、ボランティアに行きましょう、といった社会活動です。ゴミ拾いにも人件費や消耗品費用がかかりますし、ボランティアに行けば交通費もかかる。つまり、**経済性と社会性は逆を向いているのです。**

でも、「結い2101」が投資する「いい会社」は、事業そのものが社会のためになります。彼らを通じて私たちは、社会性と経済性は両立することを証明したい。ベンチャーキャピタルのように経済性だけを求めるのでもなく、CSRのように経済性を犠牲にするのでもない。**社会的課題の解決と企業の成長を、同時に実現することが、私たちの目指すところなのです。**

いいビジネスは、「ずるいビジネスモデル」から生まれる

岐阜県の未来工業の社是は、「常に考える」。それを体現しているユニークな制度に、アイデアを会社に提案すると最低500円をもらえる、というものがあります。どんなアイデアであっても、500円をいただけるそうです。

ですから社員はいろいろなことを考えます。その過程で、お客さまに役立つ新商品や、生産性を高める方法が見えてくる。少なくとも、アイデアを考えることで、気持ちが後ろ向きになることはありません。

社員が常に考え、気持ちも前向きであれば、生産性が高くなり、残業も減る。結果、残業が減ると社員は幸せだし、人件費も減る。「500円制度」はお金がかかる仕組みに思えますが、会社と社員はウィン・ウィン。これを考えた経営者は、とてもずる賢いですよね。

ちなみに、500円であることにも理由があります。この金額は「昼食が食べられ

る」ことを前提に設定されています。給料日前、お小遣いがなくなってくると、社員は「よし、アイデア出して昼食代をもらおう」と考えます。社員の気持ちに立ち、自然とやろうと思わせるこの仕組みは、本当にずるくて素敵です。

このように、**いい会社には「ずるいビジネスモデル」があります。**どうやったら事業がうまく回るかを考え、その結果として多くの経営者は「ずる賢い」やり方を考えます。

「誰でもできそうなんだけど、誰もしていない」というようなほんの些細な取り組みや工夫が、ビジネスモデルを強固なものにしている——。私がいい会社のビジネスモデルを「すごい」ではなく、「ずるい」と呼ぶようになったきっかけは、いい会社を訪問しているときに、そう気づいたことでした。

その後、会社訪問をするたびに気をつけて観察していると、いい会社では、

・ちょっとした工夫がある
・「そう来るか！」と思わず唸る、「やられた感」がある
・利益を出すための知恵っぽいものがかいま見える

といったことをよく感じるのです。この「感じる」というのがミソで、まさに感覚的に、そして思わず「ずるいですね」と言ってしまうビジネスモデルを指して、「ずるい」と言っています。そうした工夫は概してすごいものでもあるのですが、「すごい」だとビジネススクールの教科書に掲載されているようなビジネスモデルを連想しがちなので、「ずるい」を使っています。

未来工業のビジネスモデルも、「ずるい」といえます。

主力商品のスイッチボックスで、日本市場の8割のシェアを持っています。相当な商品数があるそうですが、実は売れ筋は3種類程度で、それがないと会社は赤字。さらにその3商品は、他社より高いそうです。

他社より高いスイッチボックスが売れる理由は1つ。他の商品と一緒に買ってもらえるためです。

未来工業は商品を幅広く扱っているため、お客さまからすると、主力商品以外にも欲しい商品があります。でも日本人は「主力3つは安い他社から、それ以外は未来工業から」などという買い方は失礼だと考えます。その国民性を知っているからこそ、高くても売れるということの「ずるいビジネスモデル」が成り立ちます。

先ほどの夕張ツムラの設立も、ツムラの株主からすると、非効率に見えることかもしれませんが、生薬の生産拠点を中国に過度に依存しないよう国内で生産する、という目的を達成しながら行っているため、批判の声は上がらない。これも、「ずるいビジネスモデル」だといえます。

長野県の伊那食品工業にも、同じく「ずるい」面が見られます。地域でも有名な同社では、小学生向けの工場見学などを積極的に行っています。さらに近隣には、伊那食品工業に勤める大人もたくさんいる。この地域で育った子どもは、小さい頃から社名に馴染んでいるため、普通に「就職したい」会社になる。

計算づくではないかもしれませんが、結果として「ずるい」公式ができあがっています。

ベンチャーこそ、「ずるさ」が必要

ベンチャービジネスが生き残れるのも、「ずるいビジネスモデル」あってこそ。なぜなら大手が踏み込めない領域で、誰もやったことがない（やりたがらない）ことをするためには、相当な工夫が欠かせないからです。

ベンチャーと言えば想いの強さや社会への貢献度ばかりが取り沙汰《ざた》されますが、熱い想いと同じくらい「ずるさ」がないと、生き残れません。

日本環境設計というリサイクルの会社があります。彼らが持つ技術を使うと、たとえばコットンからバイオエタノールを、プラスチックから再生油を、といった具合に、すべてのゴミが「油」に戻ります。特筆すべきは、ボタンがついている服でも、プラントに放り込むだけで、菌によって分解されること。もし普及すれば、分別の必要がなくなることさえ夢ではありません。鎌倉投信が目指す循環型社会の担い手としてピッタリのベンチャーです。

ただ、こうした革新的な技術を持つ会社は、世界を探せば他にもあります。ですが、みな同じ課題にぶつかります。リサイクルの材料、つまりゴミをどう手に入れるか、という問題です。技術だけあっても、ビジネスとしては成立しないのです。

日本環境設計の岩元美智彦《みちひこ》社長は、ビジネスモデルで課題をクリアしました。イトーヨーカドーやイオンなどの大手スーパーやユニクロなどのアパレル店、良品計画などの生活雑貨店など、日本の小売店の大多数をつないで一大連合をつくりあげ、それぞれの店舗に回収ボックスを置くことを実現したのです。これにより、家庭のゴミを「買い物のついでに」持ち込む仕組みを構築しています。消費者がゴミを持ち込むことで来店客数は増え、店の売上が上がることも実証されているため、店舗を持つ企業にとってはこの仕組みに参加しないことがリスクなのです。

環境問題に積極的に取り組むパタゴニアやスターバックスも、この取り組みに賛同しています。２０１４年からは環境省もバックアップしはじめていて、だんだんと、消費者も企業も、この仕組みに参加したくなる。とにかくビジネスモデルがずるいのです。

日本環境設計と同じ油化事業を行う会社は、日本には他にもあります。しかし利益をあげているところはほとんどといっていいほどなく、また、社会のリサイクルの仕組みにまではなっていません。ビジネスモデルがきちんと成立していないからです（ちなみに、日本環境設計は２００７年の創業以来、一度も赤字を出したことがありません）。

ソーシャルビジネスは、社会的弱者に寄り添うぶん、ビジネスとしてうまくいかないことも多い。それを「社会のためだから」と言い訳にする会社もありますが、それでは続きません。**ビジネスとして成立させることで社会にいいものが残る仕組みを構築し、社会を大規模に巻き込んでいく。**そのために必要なものこそ、「ずるいビジネスモデル」なのです。

「ブルーオーシャン」をずる賢く攻める

ちなみに、金融業界のベンチャーである鎌倉投信にも「ずるさ」はあります。**誰でもできるはずなんだけど、誰もできない。**これこそが鎌倉投信という「非常識」な金融ベンチャーのミソです。

イチロー選手のように日々の緻密な計算と投資の積み重ねで結果を出していること、その細かなやり方は第1章で述べましたが、この方法は、非常に真似しにくいという特徴があります。基本的に、今の目標値1・7%を基準に投資比率を毎日調整しなければいけないので、個人ではそこまでできない。

逆に大手にとっては、投資先が小さすぎて参入できない。ファンドサイズが大きいと、小さいところに（その投資信託にとって）少額を投資しただけで買収になってしまいかねません。BGI時代の数兆円を扱っていた頃の私なら、1日数十万円の取引なんてないに等しいと思って相手にもしなかったでしょう（笑）。

結局、鎌倉投信のローリスク・ローリターンのビジネスモデルは、誰も参入できないようにできているのです。そもそも、このモデルはあえて極端な言い方をすれば「リスクを取らない、利益もいらない」ということ。入りたくても入れない、そんな「ずるいビジネスモデル」をつくりあげた、とも言えます。運用開始前から狙っていたものの、社長の鎌田をはじめとする創業メンバーも、こんな非常識な方法によく乗ったものです。

お気づきの通り、これはまさしく**「ブルーオーシャン」を攻めた**、というふうにも言えます。つまり非常識で「ずるいビジネスモデル」を持っている、ということは、ブルーオーシャンをうまく攻めている、ということなのです。

先ほどの日本環境設計も、リサイクルという極めてビジネス化が難しい領域で利益をあげる仕組みをつくったから、成功しつつある。ブルーオーシャンを攻めているかどうかは、私がベンチャーを見るときの視点の1つでもあります。そういうベンチャーは、たいてい「そんなのできるわけがない」と言われた経験がありますが、それを覆したベンチャーはしなやかな強さを持っています。

とはいえ、こうした緻密でデジタルな方法をお客さまにアピールしても響くわけはありません。「いい会社に投資をする」「つながりを大切にする」といったアナログな部分で投資家の理解を得ています。

ある方が私たちのモデルを「銀河鉄道999」と言いましたが、おっしゃる通り。中身はハイテクだけど、見た目はアナログというずるさもあるのです。

鎌倉投信がやっているもう1つの「ずるさ」

ちなみに、鎌倉投信のずるさは、もう1つあります。**それは、「つながり」を媒介に、「結い2101」の投資先企業と鎌倉投信がともに成長していくこと。**

トビムシのようなソーシャルベンチャーにとって、他の企業とタッグを組んでやっていくことは、事業上ものすごく大きなインパクトがあります。

たとえば彼らがやっている岡山県西粟倉《にしあわくら》村の木工加工の売上のうちおよそ3割は、

「結い２１０１」の投資先で、待機児童問題の解消に取り組むサクセスホールディングスという会社が占めています。保育園をつくるときに使う木材の一部を、このトビムシの主たる子会社から調達しているのです。だから、彼らが黒字化できたのはサクセスホールディングスのおかげとも言えます。ほかにも、これまた投資先である和井田製作所という飛騨高山にある会社が、トビムシが飛騨でつくっている割り箸を、イベントで使ってくれていました。

当然ですが、トビムシにとっては、取引先が増えれば増えていくほどプラス。でも、それだけではありません。ソーシャルベンチャーとほかの企業とが手を結んで一緒になってやっていくという仕組みは、それぞれの企業に相乗効果をもたらし、業績向上の可能性が高くなります。さらに、受益者自身が投資先企業の消費者になることもよくあります。結果として、「結い２１０１」の運用パフォーマンスも上がり、受益者の財産を増やすことにつながるのです。

つまり、一見面倒な「つながり」をつくっていくことは、私たち鎌倉投信にとっては無駄でもおせっかいでもありません。**ビジネス上必要だからやっている**、ともいえるのです。すべてが、「結い２１０１」運用のパフォーマンスに返ってくるわけです

（右）サクセスホールディングス野口社長（右上）、トビムシ竹本社長（右下）、私。両社のつながりから生まれた5才児用の椅子に座っています。（左）トビムシの活動地域にまで足を運ぶ受益者

から。

つながって、結果としてリターンも上がっていく。だから、受益者と一緒に投資だけではなく消費もするし、投資先同士をつなげる役割も金融としてやっているのです。ある意味、**お客さまである投資家、そして投資先企業と一緒になって、企業価値を上げていく**、というモデルでもあります。こうした見ようによっては「自作自演」の手法が、私たちのビジネスモデルのもう1つの「ずるさ」でもあります。

もちろんこのシナジーは、1つの同じ世界観、社会観がないと生まれません。一般の金融機関がビジネスマッチングをいろいろなところでやろうとしてうまくいかない

のは、そこに共通の価値観がないからです。私たちは共通の価値観を持った投資先と投資家をつなげているので、結果としてシナジーが生まれて効果が出やすい。それが運用パフォーマンスにもつながっていきます。

ここから生まれるのは、**「手触り」のある金融**なのかもしれません。

投資を始めたときのトビムシは、赤字の会社でした。社会に必要な会社ですが、私たちが彼らを支えない限り倒産してしまうのは目に見えていました。だから、倒産させないための仕組みづくりを一生懸命考えました、必死に。そうすると、ファンドのパフォーマンスも結果として上がり、お客さまは「それを支えている」という社会価値をものすごく感じます。

金融というものが手で触れられないものであるからこそ、あえて「手触り」のようなものを感じてもらえたら、そして、私自身もそれを感じたい、そう思った結果、誰も真似できない仕組みができたのだと思っています。

慈悲の目でなく「成果物」で評価する

静岡県にモリスという障碍者の就労支援施設があります。静岡県産の間伐材を使用し、木札ストラップや名札をつくっています。社団法人で「結い２１０１」の投資先ではありませんが、私はこの施設のファンで、周囲によく宣伝しています。

私は、素晴らしいと思う商品があれば、つくり手が誰であっても「素晴らしい」と言います。受益者総会で使うスタッフ用名札も、モリスさんにつくってもらっています。

本気で障碍者雇用をする企業や団体は、ボランティア的な慈悲にうんざりしています。いつも「かわいそうに」という上から目線で商品が売れていきます。でも彼らは、同情されたいわけではなく、商品で評価されたいのです。以前、モリスさんから木でできた感謝状をいただいたことがあるのですが、それは「発注してくれてありがとう」ではなく、「商品を正しく評価してくれてありがとう」という意味だったのでは、と思います。

人間には、健常者もいれば障碍者もいる。でもその区分けは、とても微妙だとも思います。たとえば知的障碍者は、物事を処理するのに時間がかかります。でも、健常者との違いはそれだけ、とも言えます。

効率という1つのモノサシで見ると、彼らの処理時間は長いので「能力が低い」となります。でもエフピコのような彼らを本当に活かせる会社は、**「時間がかかる」を「粘り強い」と読みかえ、能力が最大化される場を見つけて配置します。**そして自分の場所を見つけたら、人はキラキラと目を輝かせて働きます。

日本はマイノリティに対して「上から目線」で接する傾向にあります。でも、それでよいのでしょうか。「結い２１０１」が広まることで、慈悲ではなく成果物で評価する姿勢が広まってくれたら、と考えています。

企業とは、使う人のセンスが問われる「器」

企業のなかには、社会から求められていない商品をつくったり、不必要なコストをかけたりしてしまう会社もあります。すると徐々に体力を失い、滅びてしまいます。成長のためには優秀な社員や設備が必要ですが、たくさん持ちすぎていると重くて前に進めなくなる。必要な筋肉を持ちつつも贅肉はほとんどない。そんな状態を維持しようとする企業は、とても美しいものだと考えています。

しかし、「贅肉」のついた企業も美しい企業も、表面上はどちらも売上や利益を追求しているだけのように見えてしまうため、そうした企業の姿を「欲の塊」のように捉える人もあります。たしかに人のように「表情」は見えませんが、その動きによって「優しい会社」なのか「アグレッシブな会社」なのかが見えてくる。つまり**企業は、使う人である経営者のセンスが問われる器**なのです。

そんな「美しい器」を壊すものがあります。「無償の精神」です。

たとえば、品質のよい商品をつくり、きちんと収益を出す会社があったとします。でも、同じような商品が他国から大量に寄付されたら、売上は一気に下がります。健全な経営をしていた会社でも、破綻に追い込まれます。

これは、途上国で容易に見ることができる現象です。パソコンを修理するスキルを持っていても、新品のパソコンが次々と送られてきたら仕事にはありつけません。先進国が「よかれ」と思って渡した寄付が、正常な競争を壊し、結果として途上国の自立や発展を阻《はば》むことになります。

似たようなケースはほかにもあります。

昨今、補助金や助成金に依存しすぎてしまった地方の衰退が取り沙汰されています。「無償」が人を思考停止状態にする。口を開けてお金を待っている人間が生まれると、結果として「美しい器」であるはずの企業にも負の影響があるのです。

だから私たちは、社会性と経済性の両方を持つ企業こそが、これからの日本を支える企業だと考え、応援しています。

第7章

金融機関の役割は、お金に眠る「つなぐ力」で社会を動かすこと

——「金融」を再定義する

金融とは〝つなげる〟ことである

鎌倉投信は、投資先の経営方針や財務状況に口出しすることはありません。「もっと利益を出せ」とも言いませんし、配当を口うるさく要求したこともありません。でも経営方針が変わったなど、企業の社会的価値に疑問符がついた場合は保有しつづけることを再検討します。

だからお金を投じる前、投資先には**「うちは面倒くさいですが、いいですか？」**と聞きます。

鎌倉投信は、どんなに知名度が低くても、「いい会社」は徹底的に応援します。投資先でなくても受益者総会で紹介しますし、提携できそうな会社と引き合わせることもあります。社会的信用が低いベンチャー企業にとって、第三者が「いい会社」と伝えることは、とても意義あることだからです。

でもそのぶん、投資先には義務も発生します。だから「面倒ならやめてください」

と言うのです。

なぜ、こんな「面倒な」関係を築こうとするのか。理由は1つ、**これが金融本来の姿だから**です。

リーマン・ショックに見られる金融危機は、「見えない関係性」が原因でした。発端となったサブプライムローンは、いろいろな商品を「ごちゃまぜ」にした商品です。格付けがとても高かったので、よくわからない商品でも安心して買ってしまったのでしょう。

お金の出し手は、そのお金がどこに渡り、何に使われているのかまったく知らなかったと思います。つまり、投資する人と投資される人が、分断されていたのです。それがダメだと教えてくれたのが、リーマン・ショックでした。

であるなら、リーマン・ショック前とは逆のことをやらねばならない。つまり投資家と投資先が「つながり」を持たねばならないのです。

ある会社の株主総会で、株主から経営者にこんな質問があったそうです。

「鎌倉投信というわけのわからないファンドが、御社の株を買っているらしいが、大丈夫か？」

目の前にはたくさんの株主がいますから、納得してもらえる回答を出さねばなりません。お金に困っている会社ではありませんでしたし、鎌倉投信とは事業上のつながりもありません。不審に思う株主の方に、その経営者はピシャリと、こう語ったといいます。

「彼らはそんなやつじゃない」

なんだか情緒的な回答です。どのくらいの投資家が納得したのかわかりませんが、私たちとのつながりを大切にしてくださったからこそ、の言葉だと思います。その場に私たちはいませんでしたから、おそらく本音だと思います。

ちなみにこの言葉は、岐阜県にある未来工業の前社長、瀧川克弘《たきがわかつひろ》さんの言葉です。

これを聞いたとき、私たちは寄せられた信頼を実感すると同時に、とても身が引き締まる想いがありました。

投資先との〝面倒なつながり〟が社会を形成する

――ヤマトと育んだ絆

投資先とは「面倒なつながり」を持つ。そのことに、企業の大小は関係ありません。たとえば、投資先であるヤマトホールディングスには、こんなことをしました。

ヤマトは東日本大震災のあと、東北に142億円の寄付をしました。純利益の実に4割にあたる額で、一企業の寄付金としては極めて大きな額です。

一部の株主は反発しました。なぜなら142億円を寄付したということは、自分たちの配当が減ったともいえるわけですから。

でも鎌倉投信はヤマトさんを「素晴らしい」と思ったので、受益者に対して「ヤマトは正しい」と主張することにしました。私たちが彼らの行為を認めたらヤマトも報われるのでは、と考えたのです。なんとおせっかいなんでしょう。

おせっかいには、時間と労力がかかりました。

私たちはまず、ヤマトが寄付した東北の事業者を訪ねました。業態も場所もバラバラです。現地では、寄付金をどのように使ったのか、その寄付金がどんな意味を持っていたのかを聞きました。

同時に、その様子をビデオに収めました。震災当時のことを話していただくのは、聴く側としても辛かったですが、彼ら・彼女らは辛いのをこらえ、涙ぐみながら「ヤマトさんのおかげです」と言いました。たとえばある保育所の方は、

「ヤマトのお金で保育所を再建した結果、地域の保育を続けられている」

そうおっしゃいました。

ビデオは、2014年の鎌倉投信の受益者総会で流しました。142億円は、もしかしたら自分がもらえたお金かもしれないけど、一方で東北では確実に生きている。東北に寄付してよかったと伝えることで、「結い2101」の受益者も安心しますし、何よりヤマトもラクになれると考えました。

これは、**鎌倉投信なりの説明責任の果たし方**でもあるのです。

第1章で、「結い2101」のリターンには3種類あるとお伝えしました。資産の形成、社会の形成、心の形成です。このとき私たちは、投資先が社会形成の一端を担

2014年に行われた受益者総会にて。受益者からの質問に直接答える、ヤマトホールディングスの木川社長（中央）

っていることを証明しました。

意志あるお金は、社会を変えます。震災直後は、政府や支援団体に寄付することが不安だ、という方がたくさんいらっしゃいました。どこで使われているのかわからない、という理由からです。

でもヤマトは、支援先を特定して寄付をしました。政府や自治体にはできない支援をする、という木川眞《まこと》社長の意志があったからです。意志をお金に託せば、社会の役に立つ。それを伝えることも、私たちの義務だと考えています。

ちなみに受益者総会には、ヤマトホールディングスの木川社長も出席してくださっていました。それどころか、受益者に向けて講演までしてくださいました。「結い2101」は0・017%の株主にもかかわらず、です。

そして、このビデオ報告を見た木川社長はひと言、

「ありがとう」

とおっしゃってくださいました。これらの活動によって、鎌倉投信とヤマトさんの「つながり」はもちろん、鎌倉投信が運用・販売する「結い2101」の受益者とヤマトさんの「つながり」も、さらに強固になったと思います。

まずは「お役立ち」から——すぐには投資を決めない

投資候補先との関係性は、時間をかけてつくりあげます。まずは、投資以外でお役立ちできることを探します。

理由は2つ。1つは「鎌倉投信はあなたのビジョンに共鳴していますよ」と伝える

ため。もちろん言葉でも伝えますが、何より態度で示すことが大事です。鎌倉投信の投資先のなかで、取引先になりそうな会社を紹介するなどします。トビムシの場合は、まず「結い2101」の受益者総会に登壇していただきました。

もう1つの理由は、長いお付き合いのなかで相手の「よさ」を見たいから。一時的なヒアリングではどうしても断片的な情報しか集められませんが、長くお付き合いすればその会社の「真のよさ」が見えてきます。

なかには、投資決定まで時間がかかることもあります。でも急ぎません。むしろ**「ご縁があればつながる」**と考えます。

たとえばイケウチオーガニックの場合は、投資スキームの問題で、すぐに投資できませんでした。当時、「結い2101」の純資産総額は3億円しかなく、再建に必要な数千万円というお金を捻出できなかったのです。結局、8000万円の投資をするまでに丸3年かかりました。

もちろん資金に困っている会社の場合、調達スピードは何より大事です。でも待てるなら、投資までの時間は長く持ちたい。特に上場していない会社は、一度買うと市場で売りにくいので、長いお付き合いによる信頼関係の構築が大事なのです。

長いお付き合いを経ても、お役に立てないこともあるかもしれません。でもご縁があればどこかでつながるのでは、と考えています。実際、あるフォーラムで偶然にお会いする、社員の方が隣の駅に住んでいるなど、偶然が重なってお付き合いに発展する会社もあります。想いが同じであれば、なぜか会う回数も増えますし、それが安心感にもつながります。

ソーシャル活動は「みんなでやる」

少し、日本が置かれている環境を振り返ります。

投資先の「サクセスホールディングス」は、待機児童問題を解決しようとしています。この問題は、解決を目指すプレイヤーが多くいますし、政府も問題視していますから、じきに解決すると私は思っています。

でも、問題が解決しても、サクセスホールディングスが必要なくなるわけではありません。彼らが真に目指すのは「子どもたちを豊かにすること」だからです。

彼らが運営する保育園には間伐材が使われています。遊具も間伐材でできており、子どもたちには自然教育も行っています。つまり待機児童がゼロになっても、彼らが社会をきちんと捉える限り、一定の役割はあるのです。

また日本は、高齢化やニートなど、多くの課題を抱えています。その意味で、日本は課題先進国です。解決策を見つけられたら、世界の役に立てます。

「結い２１０１」には、これらの活動をいくつかのプレイヤーに任せるのではなく、「みんなで」やりたいという想いが込められています。それが「ソーシャル」だからです。その結果、22世紀が始まる２１０１年にはよい社会が生まれているといいな、と思っています。投資先と投資家の「つながり」がある鎌倉投信だからこそ、できることだと信じています。

みんなでやる、といっても、その関与の仕方はまちまちです。投資をする、というのも１つの方法。でも「結い２１０１」の受益者には、不思議な行動も見られます。

投資先企業の商品を、次々に買うのです。投資もして、商品も買う。なんてヘンな人たちなんでしょう（笑）。自社のお客さまながら、私が「愛すべきヘンタイ」と呼ぶ理由も、おわかりいただけるのではないでしょうか。

でもこの姿勢が、投資先に好影響をもたらしているのです。本書にも何度か登場するイケウチオーガニックの池内社長は、熱心な受益者とつながりを持つことで「責任感が強くなった」とおっしゃっていました。受益者総会では受益者の顔が見えるから、

「こんな人たちに支えられているのか」

と実感が湧くのだそうです。

銀行などの金融機関に融資を頼んでも、支店長や担当者は知っているものの、実際の出し手である預金者とつながることはありません。だからこそ、「愛すべきヘンタイ」たちを前にすると、「この人たちが期待するような会社にならねば」と身が引き締まるのだそうです。

つながりはソーシャル活動の原点であり、そして投資先にとってのほどよい緊張感にもなるのです。

「鎌倉投信が投資するならいい会社」――新たな「与信」の形

非上場企業でも赤字企業でも、「社債」という形で、しかも長期間にわたって投資していることは、第1章で述べましたが、実はこの投資のあり方が、新しい可能性を切り拓きました。

通常、赤字企業にすぐに償還できないスキームで投資している、というと、多くの投資家はそのファンドを保有していることを不安に思いますし、同業の金融機関からは「頭がおかしくなった」と思われるでしょう。

しかし、いま、鎌倉投信が「結い２１０１」で投資していると伝わると、金融機関は「非上場だけどいい会社なんだ」と反応するといいます。金融機関への印象も、「結い２１０１」からの投資実績が、融資実績のように扱われるのだとか。

こうなってくると、まるで「与信」――取引先に対する信用を供与するという金融機関で最も重要な業務――をこなしているかのようです。

鎌倉投信がつくる「つながり」のなかで、新しい信用が生まれ、それが、それぞれの企業を金銭的にも後押しする。創業当初はここまで思っていませんでしたが、雨の日に傘を取り上げる世界で、傘を差し出す根拠に私たちがなっているのだとしたら、非常に嬉しいことです。

投資先同士もつながり、新しいビジネスが生まれる

第6章でトビムシとサクセスホールディングスがつながり、それがビジネスの関係に発展した例をご紹介しましたが、鎌倉投信では、こうした投資先企業同士の連携は日常的に起こっています。

このような活動は**「ビジネスマッチング」**と呼ばれます。でも一般にはうまくいきません。Aという会社の技術とBという会社の技術を使ったら、Cという商品ができるはず。理論的には正しくても、所詮《しょせん》企業も人間ですから、価値観が違う会社とは合

わないのです。

でも同じ「結い２１０１」の投資先なら、問題意識も価値観も似ています。だからマッチングしやすく、投資先の連携も生まれやすいのです。

価値観を明確にすると、いろいろな人が集まってきます。たとえば「結い２１０１」の投資候補先となる企業もそうです。先方からのオファーで出会うことも多く、お話ししていると、なぜか「同志」みたいな感覚になる。そして周辺で情報収集をすると、必ずどこかでつながっていて、「あの社長は信頼できるから大丈夫だよ」となります。

オファーは毎月５、６件程度。ビジネスモデルが不完全であれば（ずるい仕組みがなければ）投資しづらいですが、そうでなければあとはタイミングだけ。ベストな投資タイミングを見つけるまでは、対話を続けたり、受益者総会に登壇していただいたりといったことで、応援を続けます。

信念を持って活動を続けていると、人とのつながりは「吸い寄せられるように」増えていきます。さらに人と人、企業と企業をつなげば、そこらじゅうで「ウィン・ウィン」の関係が生まれる。これが、本当の金融なのだと思います。

競合相手を協力相手に変える

第6章でも紹介した、日本環境設計というリサイクルの会社は、創業当時から知ってはいたのですが、2014年末、ついに岩元社長と出会い、意気投合するとともにそのビジネスモデルに惚《ほ》れ込みました。

彼らの仕組みは、「ゴミが減る」という循環型社会の実現を考えるうえで非常に重要なので、心から応援しているのですが、実は大いに困る点もあります。「結い21」の投資先であるエフピコの競合になってしまうのです。

第5章でも紹介した障碍者雇用率16％を誇るエフピコは、自社でトレーを製造・販売するとともに、回収したトレーをリサイクルして「エコトレー」として販売する仕事をしているため、日本環境設計の仕組みが普及すると、400人近い知的障碍者の方々の職が失われることにもなりかねないのです。

イノベーションは、いいことばかりではありません。新たな産業やビジネスが立ち上がると、壊れるものもある。何かが生まれるぶん、消えるプレイヤーもいるのです。その意味で、この日本環境設計によるイノベーションは、市場に多くの新陳代謝を生むでしょう。でも金融機関は「つながり」をつくるのが使命ですから、投資先同士が競合して一方が消滅するのは絶対に避けたい。**むしろ競合相手を協力相手にすることが、金融機関の務めだと感じています。**

なぜなら、消費者が、

「もうトレーを洗う必要はないね」

「分別する必要もないね」

となったら、社会を思って地道にがんばってきたエフピコのような会社が、逆に損失を被ってしまうのです。それに気づいた瞬間、「なんてことに気づいてしまったんだ」と吐き気を覚えました。その日はひと晩眠れませんでした。

この本を執筆しているいま、両者がウィン・ウィンになる仕組みづくりをお手伝いしています。金融機関がそこまで介入する必要はない、と言う人もいるでしょう。しかし、つなぐという金融本来の機能に気づいた私には、「神さまが与えた課題」と思えてならないのです。

金融機関の本来の仕事は「善良なる管理人」

与えられた課題という意味では、金融としてのあるべき姿の追求、ということも、課せられているように思います。

お金を動かすのではなく、つながりをつくって社会を動かすのが役目だとしても、ある企業が「いい会社」であるかどうかを決めるのは、あくまで社会であって、私たち金融の人間ではありません。私たちは、「潤滑油」にすぎないのです。

私はいま、**金融の役割は、「社会の管理人」、それも善良なる管理人であるべきだ**と考えています。

そう考えると、ただ「つなぐ」だけでは、その役目を果たせていないことになります。たとえば、投資先企業で問題が発生すれば、真っ先に問いただしにいきますし、なぜその会社が社会をよくするのに役立つのかが説明できなければ、務めを果たしたことにはなりません。なぜこの会社が「いい会社」なのかを説明しつづけることもまた、説明責任を果たすことにあたります。

裏を返せば、それが説明できなければ、投資先から外し全売却するという行為をせざるをえません。

たとえば、かつて投資先であった日立建機を、「結い２１０１」の投資先から外し、すべて売却しました。なぜ、優良企業である日立建機をわざわざ外したのか。それは、山梨日立建機という関連会社を、連結対象から外したからです。

現在は日建という名のこの会社は、対人地雷除去機の開発を通じて、国際社会への貢献を続けています。私たちは、日立建機への投資を、地雷のない社会の実現のためと説明していましたが、連結対象から外れたことで、その説明ができなくなってしまったのです。

お気づきの通り、この判断は、管理人（この場合は私です）のセンスが問われるところでもあります。「顔の見える関係性」のなかで多様なお金の流れを司《つかさど》る金融機関には、以前述べた「主観」が求められるのです。

そうした「主観」や「センス」に共鳴してくださったお客さまからお金を預かり、4%の利益を手にしていただけるよう工夫することを委託されているだけ——それが、私たち金融の姿なのです。

結局のところ、私たちが思い描いている社会というものをお客さまと共有し、そこに向かっていけるように努力をしつづけるしかないのです。

やっていることは「昔の金融」に近い

管理人を意識するようになってから、よく言われることがあります。

私たち鎌倉投信がやっているのは、昔の金融——1軒1軒会社を訪問して、信頼関係を築き、融資する——に近い、と。私も、その通りだと思います。

いまの金融は、はっきり言えばどの金融機関から借りても一緒です。すなわち、お金には表情がなく、金融機関は、第三者が決めた基準に従ってただ信用（クレジット）を担保するだけ。そこには信頼というものがまるでありません。

一方、私たちは「鎌倉投信の『結い２１０１』から投資されたい」と言われる存在になりました。

顔の見える関係性があり、お金には「鎌倉投信」ならではの表情も付け加えられます。「信頼」をベースにしているので、たしかに金銭的にはレバレッジがきかないですが、バブルが発生することも、ましてやはじけることもありません。

いま、日本を支える大企業も、昔はベンチャーだったはず。彼らも、地元の金融機関や顔の見える範囲の人から信頼の込められたお金を借りて創業したはずです。それと同じことが、いま、鎌倉投信のまわりで起こっているだけともいえます。

信頼にレバレッジをかけ、「表情」のついたお金で、人と人、企業と投資家をつなぐ。これが鎌倉投信で働く私の仕事の本質なのでしょう。

「手触り」のある金融は、信頼から始まる

私にはいつも自問自答していることがあります。それは、自分たちが何を求められているか、です。

ベンチャー企業の資金調達も、マイクロファイナンスやクラウドファンディングなど多様化しています。また運用技術は最高のものを提示したいと思っていますが、金銭的なリターンは低い。おそらく私たち鎌倉投信に求められているのは、「お金の捉え方を見直す」ことなのでしょう。

ある方から、こう言われたことがあります。

「1億円儲かったら、それを2億円にしたいと思う。2億円儲かったら、3億円にしたいと思う。お金を目的にしたら、人に幸せは訪れない」

私たちは「結い2101」を紹介する際、「つながり」という、無形の価値を訴えてきました。でも本質的には、「つながり」を通じてお金の定義を変えてきたのだと思います。お金は幸せになるためにあるのであって、お金を増やしたら幸せになるのではない。**私たちの事業の本質は、お金を増やすことではなく、「つながり」を通じて幸せを増やすことにあるのです。**

私には、忘れられない「信頼」の経験があります。

私は障碍者スキーのインストラクターをしています。あるとき、全盲の方にスキー指導をする機会がありました。

私は、全盲の人がスキーをする感覚を知るために、試しにアイマスクを着けてスキーを滑ったことがあります。その結果は惨憺《さんたん》たるもので、恐怖心しかありませんでした。

だから指導するときも極力相手のペースに合わせようとしましたが、

「新井さん、滑りにくいよ」

と言われました。そして「新井さんが気持ちいいと思うペースで滑って」と。

だから、相当なスピードを出して滑りました。すると彼らは、ぶつかりもせずについてきました。2日間の講習を終えたのち、こう言いました。

「新井さん、最高！　こんなに気持ちよく汗をかいて滑ったのははじめてだ」

おそらく彼は、私に命を預けてくれていたのだと思います。転ぶ恐怖もあったでしょうし、誰かとぶつかるリスクもあります。でも私を信頼してくれたから、最高の気分になれた。そして私も、人から信頼されることがこんなに嬉しいことだとは思いませんでした。

「結い2101」に投資している受益者は、お金に想いを託し、「結い2101」から投資を受けている投資先企業は、その想いのこもったお金を受け取ります。

未来のことなど予測はできません。託すほうも託されるほうも、不安や恐怖もあるでしょう。しかし、互いに信頼しあうことで、資産、心、社会のすべてを豊かにしていく「つながり」をつくることができるのです。

「お金にはこんな力があるんだ」

「はじめて、意味のある使い方ができた」

受益者の方から寄せられるそうした声を聞くたびに、私はあのときスキー場で感じたのと同じ感動に包まれます。

人とつながり、人を信頼し、人の幸せについて考える。それが私の役割であり、金融の役割なのだ——そう信じ、これからも「つながり」をつくっていきたいと思っています。

おわりに

いま日本の株式市場は、アベノミクスの金融緩和などにより日経平均株価がほぼ15年ぶりに1万9000円台を突破し、活況となっています。

このような状況下であったとしても、鎌倉投信はいままで通り、運用方針に変更はありません。逆に、加熱すればするほど、この言葉を思い出します。

「こんな幼稚な株式市場に、この大切な会社を上場させるわけにはいかない」

これは、伊那食品工業の塚越寛会長の著書『リストラなしの「年輪経営」』（光文社）を読んで一番強く感じたメッセージです。

実績が伴わず期待だけが先行すれば、バブルが形成されます。鎌倉投信はあくまでコツコツと努力を重ねて100年続く「年輪運用」を目指し、投資先のいい会社とともに歩みたいと思います。

そして、いつか塚越会長に「おまえらなら付き合って（投資されて）もいい」と言ってもらえる日が来ることを信じて。

「経済に投資するのではなく、経営に投資する」
「投資先と苦楽をともにする」

そんな気持ちで今は運用しています。

初心を貫くことは容易ではありませんが、受益者の方々の笑顔がある限り、やってよいのだと信じています。

無名だった鎌倉投信がここまで来られたのも、創業時からご指導いただいた法政大学大学院・坂本光司先生、慶應義塾大学商学部・中島隆信先生、監査法人双研社・貴志豊先生、人と経営研究所所長・大久保寛司さん、人とホスピタリティ研究所所長・高野登さんのおかげであり、また、受益者と投資先企業の経営者の方々、鎌倉投信の取引先、そして鎌倉投信の創業メンバーと社員がいたからこそだと思っています。

最後に、編集にご協力いただいた齋藤麻紀子さん、ダイヤモンド社の廣畑達也さんにお礼を言わせてください。私のために大切な時間を使っていただき、ありがとうございました。

この本を読み終わったあと、鎌倉投信の合言葉、**「いい会社をふやしましょう」**をともにする仲間になっていただければ、これほど嬉しいことはありません。

2015年3月23日

鎌倉投信株式会社　取締役資産運用部長

新井和宏

「R&Iファンド大賞」について

「R&Iファンド大賞」は、過去のデータに基づいたものであり、将来のパフォーマンスを保証するものではありません。当大賞は、投資の参考となる情報を提供することのみを目的としており、投資家に当該ファンドの購入、売却、保有を推奨するものではありません。また、R&Iの顧客に対して提供している定性評価情報とは関係ありません。当大賞は信頼すべき情報に基づいてR&Iが算出したものであり、その正確性及び完全性は必ずしも保証されていません。当大賞は、信用格付業ではなく、金融商品取引業等に関する内閣府令第299条第1項第28号に規定されるその他業務(信用格付業以外の業務であり、かつ、関連業務以外の業務)です。当該業務に関しては、信用格付行為に不当な影響を及ぼさないための措置が法令上要請されています。当大賞に関する著作権その他の権利は、R&Iに帰属します。R&Iの許諾無く、これらの情報を使用(複製、改変、送信、頒布、切除を含む)することを禁じます。「投資信託/総合部門」の各カテゴリーについては、受賞運用会社の該当ファンドの平均的な運用実績を評価したもので、必ずしも受賞運用会社の全ての個別ファンドそれぞれについて運用実績が優れていることを示すものではありません。投信の基準価額等はQUICK調べ。
詳細については、R&Iホームページでご確認ください。

http://www.r-i.co.jp/jpn/ie/itr/fund_award/

≪R&Iファンド大賞2013の概要≫

選考は、「投資信託」、「確定拠出年金」、「確定給付年金」では2011、2012、2013年それぞれの3月末時点における1年間の運用実績データを用いた定量評価がいずれも上位75%に入っているファンドに関して、2013年3月末における3年間の定量評価によるランキングに基づいて表彰しています。定量評価は、「投資信託」、「確定拠出年金」では“シャープ・レシオ”を採用、表彰対象は設定から3年以上かつ償還予定日まで1年以上の期間を有し、残高が10億円以上かつカテゴリー内で上位75%以上の条件を満たすファンドとしています。「確定給付年金」では定量評価に“インフォメーション・レシオ”を採用、定量評価がプラスのファンドを表彰対象としています。なお、「投資信託」、「確定拠出年金」では上位1ファンドを「最優秀ファンド賞」、次位2ファンド程度を「優秀ファンド賞」として表彰しています。「確定給付年金」では受賞区分を設けていません。「投資信託/総合部門」では、2013年3月末において残高10億円以上のファンドを3本以上設定する運用会社を表彰対象とし、各ファンドの3年間における“シャープ・レシオ”の残高加重平均値によるランキングに基づき、上位1社を「最優秀賞」、次位1社を「優秀賞」として表彰しています。

※シャープ・レシオ

短期確定金利商品に対するファンドの超過収益率を収益率の標準偏差(リスク)で割った値。リスク1単位当たりの超過収益率を示します。

※インフォメーション・レシオ

ベンチマークに対するファンドの超過収益率(アクティブリターン)を超過収益率の標準偏差(アクティブリスク)で割った値。ベンチマークと比較して取ったリスク1単位当たりの超過収益率を示します。

本書籍は、鎌倉投信およびその取締役資産運用部長である新井和宏による、投資家向けの情報提供を目的としたもので、投資信託の勧誘や販売を目的としたものではありません。

<資産運用に関する注意事項>

投資信託のお申し込みに際しては、以下の点をご理解いただき、投資の判断はお客様ご自身の責任においてなさいますようお願いします。

- 投資信託は預金または保険契約ではないため、預金保険および保険契約者保護機構の保護対象にはなりません。また、「結い 2101」は、投資者保護基金の対象でもありません。
- 投資信託は、金融機関の預貯金と異なり、元本および利息の保証はありません。
- 本書に記載の情報は、作成時点のものであり、市場の環境やその他の状況によって変更されることがあります。また、いずれも将来の傾向、数値等を保証もしくは示唆するものではありません。
- 本書に記載の内容は、将来の運用結果等を保証もしくは示唆するものではありません。また、本書は、鎌倉投信が信用に足ると判断した情報・データに基づき著述されていますが、その正確性、完全性を保証するものではありません。
- 本書および本書に記載の資料の使用権は、鎌倉投信に帰属していますので、転用できません。お客様限りでご参考にしてください。
- 「結い 2101」をご購入の際は、投資信託説明書(交付目論見書)、契約締結前交付書面および金融商品の販売等に関する法律に基づく重要事項の説明等の重要事項説明書をあらかじめまたは同時にお渡ししますので、必ずお受け取りの上、内容をよくお読みください。
- 「結い 2101」の投資信託説明書(交付目論見書)については、鎌倉投信までお問い合わせください。

<苦情処理措置および紛争解決措置について>

鎌倉投信は加入協会から苦情の解決および紛争の解決のあっせん等の委託を受けた特定非営利活動法人証券・金融商品あっせん相談センター(連絡先:0120-64-5005)を利用することにより金融商品取引業等業務関連の苦情および紛争の解決を図ります。

鎌倉投信株式会社:金融商品取引業者
登録番号 関東財務局長(金商)第2293号
加入協会:一般社団法人 投資信託協会

［著者］

新井和宏（あらい・かずひろ）

鎌倉投信 株式会社　取締役 資産運用部長

1968年生まれ。東京理科大学工学部卒。

1992年、住友信託銀行（現・三井住友信託銀行）に入社。2000年には、バークレイズ・グローバル・インベスターズ（現・ブラックロック・ジャパン）に入社。企業年金・公的年金などを中心に、株式、為替、資産配分等、多岐にわたる運用業務に従事し、ファンドマネージャーとして数兆円を動かした実績がある。

だが2007～2008年、大病を患ったこと、そしてリーマン・ショックをきっかけに、それまで10年近く信奉してきた金融工学、数式に則った投資、金融市場のあり方に疑問を持つようになる。

2008年11月、志を同じくする仲間４人で、鎌倉投信株式会社を創業。2010年３月より運用を開始した投資信託「結い 2101」の運用責任者として活躍している。経済的な指標だけではなく社会性も重視する、投資先企業をすべて公開するなど、従来の常識をくつがえす投資哲学のもとで運用されている商品でありながら、個人投資家（受益者）8,900人以上、純資産総額130億円超（どちらも2015年２月時点）となっている。また、投資ブロガーが選ぶ「Fund of the Year」でも上位の常連となり、2013年には格付投資情報センター（R&I）でも最優秀ファンド賞（投資信託 国内株式部門）を獲得するなど、人気、実績を兼ね備える投資信託へと成長している。

他に、横浜国立大学経営学部非常勤講師、特定非営利活動法人「いい会社をふやしましょう」理事、経済産業省「おもてなし経営企業選」選考委員（平成24、25年度）も務めている。

投資は「きれいごと」で成功する
——「あたたかい金融」で日本一をとった鎌倉投信の非常識な投資のルール

2015年4月16日　第1刷発行
2015年6月30日　第5刷発行

著　者——新井和宏
発行所——ダイヤモンド社
〒150-8409　東京都渋谷区神宮前6-12-17
http://www.diamond.co.jp/
電話／03·5778·7232（編集）　03·5778·7240（販売）
編集協力——齋藤麻紀子
ブックデザイン——松昭教（bookwall）
校正————鷗来堂
製作進行——ダイヤモンド・グラフィック社
印刷————勇進印刷（本文）・加藤文明社（カバー）
製本————ブックアート
編集担当——廣畑達也

ISBN 978-4-478-06485-6